Geschichte und Geschehen

Herausbildung des frühneuzeitlichen Staates

Autor:
Dr. Frauke Geyken (Göttingen)

Ernst Klett Schulbuchverlage
Stuttgart · Leipzig

1. Auflage 1 10 9 8 7 6 | 2021 2020 2019 2018 2017

Alle Drucke dieser Auflage sind unverändert und können im Unterricht nebeneinander verwendet werden.
Die letzten Zahlen bezeichnen jeweils die Auflage und das Jahr des Druckes.

Internetadresse: www.klett.de

Autor:
Dr. Frauke Geyken (Göttingen) S. 27–57

Redaktion: Dr. Björn Opfer-Klinger
Herstellung: Krystyna Schütze

Reproduktion: Meyle + Müller, Medien-Management, Pforzheim
Kartenbearbeitung: Ingenieurbüro für Kartografie Joachim Zwick, Gießen
Kartografische Büro Borleis & Weis, Leipzig
Umschlagbild: Porträt von Kardinal Richelieu (1585–1642),
Gemälde von Philippe de Champaigne ca. 1640,
© Corbis (National Gallery Collection), Düsseldorf

Druck: Digitaldruck Tebben GmbH, Biessenhofen
Printed in Germany

ISBN-13: 978-3-12-430039-3

9 783124 300393

Inhalt

Vorschlag zur Projektarbeit: Die „Kulturmacht" Zeitung

Johannes Gutenberg, der das Drucken mit metallischen Lettern erfand, gilt heute als der Vater einer Medienrevolution. Diese Neuerung erlaubte es, Ideen und Meinungen durch mechanische Vervielfältigung beliebig oft zu Papier zu bringen und kostengünstig über große Distanzen hinweg einer beständig wachsenden Leserschaft zugänglich zu machen. Die größte Verbreitung erfuhr das gedruckte Wort durch die Zeitung, die 2005 vierhundert Jahre alt wurde und weltlichen Lesestoff für alle, vom Minister bis zum Lehrling bot. Es war Johann Carolus, der in der Stadt Straßburg zunächst aktuelle Nachrichten in handschriftlicher Form verkaufte und nach Kauf einer kleinen Druckerei begann, als Erster eine gedruckte Zeitung im modernen Sinne zu erstellen. Bald fand dieses neue Medium zahlreiche Nachahmer in ganz Europa, wobei bis weit in das 18. Jahrhundert hinein noch die Ein-Mann-Redaktion dominierte.

Die Zeitung wurde zu einer „leichten" Leselektüre sowohl für die gebildeten Schichten als auch für das gemeine Volk. Gemeinschaftliche Lektüre und anschließende spontane Diskussionen erweiterte die Zahl der Nutzer wesentlich über die eigentliche Zahl der Leser bzw. der verkauften Exemplare. Ein wichtiges Forum stellten bald schon die im 18. Jahrhundert in Mode kommenden Kaffeehäuser dar, wo den Besuchern bei Trinkschokolade, Tee oder Kaffee täglich verschiedene druckfrische Zeitungen zur Verfügung standen. Auf diese Weise entstand eine neue Art der Öffentlichkeit, die wesentlich zur Verbreitung aufklärerischer und revolutionärer Theorien beitrug.

Besaßen bislang Staat (und Kirche) das weitgehende Monopol über Information, so schuf die sich entwickelnde Zeitungslandschaft eine nur bedingt zu kontrollierende Gegenöffentlichkeit. Und so sahen viele Regierungen ihre Macht durch die Zeitungen gefährdet. Auch die bald einsetzenden staatlichen Zensurmaßnahmen konnten nicht verhindern, dass sich das Pressewesen bis heute als eine viel beschworene oder verteufelte „Macht im Staate" entwickelte. Umso wichtiger ist es, sich kritisch mit dem Medium Presse und den Bedingungen, unter denen eine Zeitung entsteht, auseinander zu setzen.

Buchdruckerei, Kupferstich von 1632, Matthaeus Merian (1593–1650); nachcoloriert. In: Johann Ludwig Gottfried, Historische Chronica, Frankfurt a. M., 1632.

Eine Zeitung erstellen:

Erstellen Sie selbst in einem Redaktionsteam aus drei bis fünf Personen im Laufe eines Schulhalbjahres eine Zeitung über die Zeit des 17. und frühen 18. Jahrhunderts.

Bis aus der Idee eine fertige Zeitung entstanden ist, sind viele Arbeitsschritte nötig. Drei große Produktionsphasen lassen sich unterscheiden:

1. Planung

- Wer kann und wer soll der anzusprechende Leser und somit der potenzielle Kunde sein?
- Welche Themen soll die Zeitung beinhalten? (Politik, Kultur, Wissenschaft, Lokales, etc.) Überlegen Sie dazu, welche politischen, sozioökonomischen und kulturellen Einflüsse die Herausbildung des frühneuzeitlichen Staates in Europa mitbestimmt haben.
- Welche inhaltliche Struktur erscheint Ihnen am aussichtsreichsten um den Erwartungen des Lesers gerecht zu werden?
- Das Layout bestimmt den ersten Eindruck des Betrachters. Welches äußere Erscheinungsbild wählen Sie, um ein möglichst erfolgreiches Printprodukt produzieren zu können? Vergleichen Sie mit dieser Fragestellung zunächst verschiedene Ihnen bekannte Zeitungen.
- Entscheiden Sie, welches Thema Sie in welcher Form darstellen möchten.
- Sammeln Sie einzelne Darstellungsformen, die eine Zeitung beinhalten kann (Schlagzeilen, Sachberichte, Reportagen, Rezensionen, Glossen, Leserbriefe, Rätsel, Werbung, Anzeigen, etc.).

2. Umsetzung

- Informieren Sie sich über das 17. Jahrhundert und zentrale zeitgenössische Themen. Befragen Sie dazu auch Ihre Lehrkraft für Deutsch, Kunst oder Musik.
- Überlegen Sie, welche Möglichkeiten Ihnen zur Informationsbeschaffung als Redakteur bzw. Journalist zur Verfügung stehen. Nehmen Sie ggf. Kontakt zu einer Lokalzeitung Ihrer Region auf.
- Schreiben oder sammeln Sie zu den von Ihnen ausgewählten Themen Artikel und Abbildungen.
- Gestalten Sie das gesammelte Material nach dem von Ihnen entworfenen Aufbau zu einer Zeitung.

3. Vermarktung

- Inhalte allein genügen in der Regel nicht, die meisten Lesergruppen auf ein Produkt wie eine Zeitung aufmerksam zu machen. Das äußere Erscheinungsbild kann ebenso wichtig sein wie der Preis. Diskutieren Sie innerhalb Ihres Redaktionsteams geeignete Präsentations-, d. h. Vermarktungsformen.
- Stellen Sie Ihren Mitschülern nach vier Wochen Ihr Rohkonzept vor und tauschen Sie sich mit ihnen über Ihre Herangehensweise aus.
- Präsentieren Sie am Ende des Halbjahres Ihre Zeitung in Form einer Werbeveranstaltung.

4. Nachbereitung

- Verfassen Sie ein Schlussprotokoll über den Verlauf des Projektes.
- Diskutieren Sie abschließend, inwieweit sich Ihre Zeitung *über* das 17./18. Jahrhundert von einer Zeitung *im* 17./18. Jahrhundert unterscheidet.

Bürger-König

Cromwell

1 Der frühmoderne Staat: Das absolutistische Frankreich

1.1 Krone versus Adel im Kampf um die politische Macht

Seit dem 16. Jahrhundert war das Welt- und Menschenbild, ausgehend vom Humanismus, in ganz Europa in Bewegung geraten. Die Theologie verlor die beherrschende Stellung in der Definition menschlicher Ordnungsvorstellungen. Stattdessen verbreiteten sich die rationalistischen Gedanken des Franzosen René Descartes (1596 - 1650) und des Engländers Francis Bacon (1561 - 1626). Es entstanden neue Vorstellungen möglicher Formen von Herrschaftsausübung und von Herrschaftsverständnis. Der mittelalterliche Personenverbandsstaat, beruhend auf dem Prinzip der Grundherrschaft und des Lehenswesen, wurde mehr und mehr abgelöst durch einen institutionalisierten Flächenstaat mit festen Verwaltungsstrukturen, Beamtentum und einheitlichen Rechtsformen. Die Durchsetzung einer modernen Geldgegenüber der bisherigen Naturalwirtschaft eröffnete darüber hinaus dem Staat eine gesicherte Finanz- und Wirtschaftsplanung. Dies schuf die Grundlage für eine wachsende Ausweitung staatlicher Aufgaben und die Ablösung des Lehensheeres zunächst zum angeworbenen Söldnerheer schließlich hin zum stehenden Heer.
Auch in Frankreich versuchte die Königsmacht seit dem 16. Jahrhundert moderne Herrschaftsstrukturen durchzusetzen und damit die eigene Macht auszubauen. Allerdings standen die französischen Könige, ähnliche wie andere europäische Herrscher, in diesem Bestreben der starken Opposition traditioneller Eliten gegenüber. Der alteingesessene Provinzadel, die oppositionellen wohlhabenden Hugenotten und die „Parlamente" waren keineswegs bereit, einer Stärkung der Königsgewalt zuzustimmen. Die Parlamente, eine Art adeliger Juristenkollegien, bildeten dabei eine Art Zwischengewalt, die die königlichen Gesetze auf ihre Rechtsgültigkeit prüfte und in den Registern eintrugen oder durch ein Veto zurückweisen konnten.
Dieses Konfliktpotential wurde zusätzlich durch die enge Verflechtung von politischen und religiösen Fragen verschärft. Viele der gegen die Zentralisierungspläne der Königsmacht gerichteten regionalistischen Adelsopposition, die nicht selten auch separatistische Absichten verfolgte, waren Hugenotten. Im 16. Jahrhundert wurde daher Frankreich wiederholt von blutigen Religionskriegen zwischen Katholiken und Hugenotten erschüttert. Erst König Heinrich IV. (1589 - 1610) konnte mit dem Toleranzedikt von Nantes 1598 einen vorläufigen Schlussstrich unter die religiösen Auseinandersetzungen ziehen, musste dafür aber eine Schwächung der Königsmacht hinnehmen. Der ihm nachfolgende König Ludwig XIII. (1610 - 1643) und dessen Erster Minister, Kardinal Richelieu (1624 - 1642) versuchten daher beständig, die politische Macht des Adels und die Stellung der protestantischen Opposition zugunsten der Königsgewalt zu schwächen.
So wurden beispielsweise die états généraux (Generalstände), die Vertretung von Geistlichkeit, Adel, Bürgern und Bauern seit 1614 nicht einberufen. Richelieu setzte jedoch auch unmittelbare Gewalt ein, um politische Gegner zu beseitigen, was u. a. 1628 zur Niederlage der Hugenotten führte. Eine erfolgreiche Außenpolitik, die sich in erster Linie gegen die spanisch-habsburgische Umklammerung richtete, stärkte die Position des Königs und Richelieus zusätzlich. Trotzdem gelang es der

1 Porträt von Kardinal Richelieu (1585 - 1642), Gemälde von Philippe de Champaigne ca. 1640

Zentralgewalt nicht, die Macht des Provinzadels zu brechen. Gleichzeitig schürten Missernten, Arbeitslosigkeit und wachsende Steuern unter Bauern und Handwerkern ein beständiges Unruhepotential.
Nach dem Tod von Ludwig XIII. führte zunächst die Königinmuttter die Regentschaft für den noch minderjährige Ludwig XIV., bis dieser 1661 volljährig wurde, während dem 1642 verstorbenen Richelieu Kardinal Mazarin (1642–1661) nachfolgte. Gegen die noch schwache Position des jungen Königs fanden sich der Provinzadel, das Parlament von Paris und die Pariser Stadtbevölkerung zusammen und erhoben sich im sog. „Fronde"-Aufstand 1648–1653 gegen die Machtstellung des Königs. Erst unter großen Anstrengungen konnte sich schließlich die Königsgewalt, die von der Kirche und Teilen des Bürgertums unterstützt wurde, durchsetzen und die Erhebung blutig niederschlagen.

Die Bedrohung durch die „Fronde" sollte jedoch Ludwig XIV. während seiner ganzen Herrschaftszeit in Erinnerung bleiben, auch wenn beim Tode Mazarins 1661 die Stellung Ludwigs wieder gesichert war. Früh machte der Junge deutlich, dass er nach Mazarin keinen neuen Ersten Kardinal mehr berufen und stattdessen eine möglichst große Konzentration der Staatsgewalt auf seine Person konzentrieren würde. Er allein wollte letzte Instanz bei allen staatspolitisch relevanten Fragen sein. Auch die Zahl der Minister, die in erster Linie aus bürgerlichen Kreisen berufen wurden, blieb in einem kleinen Rahmen. War auch Ludwig XIV. nicht in allen Bereichen „absolut", so versuchte er doch, das Staatswesen so zu organisieren, dass seine Anordnungen auf dem schnellsten Wege in allen Teilen des französischen Herrschaftsgebietes bekannt wurden. Nicht zuletzt um sich von regionalen und ständischen Gewalten unabhängig zu machen, berief er für die einzelnen Provinzen ortsfremde, bürgerliche „Intendanten" als oberste Verwaltungschefs.
Auf diese Weise wurde die städtische Selbstverwaltung zunehmend aufgehoben und ein rationeller Verwaltungs- und Beamtenapparat aufgebaut. 1665 wurde den Parlamenten jegliche Einflussnahme auf die Gesetzgebung entzogen. Der König behielt sich sogar das Recht vor, in laufende Gerichtsverfahren einzugreifen oder mit Sonderhaftbefehlen Personen festnehmen zu lassen, die politisch verdächtig erschienen.
Auch in der Frage der Religion radikalisierte sich unter Ludwig XIV. die von Richelieu bereits begonnene Politik. Hatte der Kardinal die Hugenotten auch rücksichtslos bekämpft, so war doch das Toleranzedikt von Nantes nicht in Frage gestellt worden. Ludwig XIV. hob nun die Glaubensfreiheit für die Hugenotten auf, um ein geeintes katholisches Frankreich zu schaffen. Dies hinderte ihn allerdings nicht daran, die meisten Rechte des Papstes innerhalb der katholischen Kirche im Königreich abzuschaffen, z. B. die Einsetzung der Bischöfe. Die Hugenotten aber mussten zu Hunderttausenden das Land verlassen, wodurch Frankreich einen beträchtlichen wirtschaftlichen und kulturellen Aderlass erlitt.
Die Zentralisierung der Staatsgewalt auf den König fand ihren sichtbaren Ausdruck in der höfischen Repräsentation in der neu erbauten Residenz Versailles. Der königliche Hofstaat wurde in seinem Zeremoniell und seiner aufwendigen Prachtentfaltung sehr bald zum Maßstab des gesellschaftlichen Lebens sowohl in Frankreich als auch an den anderen europäischen Fürstenhöfen. Dabei diente der Königshof nicht nur als symbolische Darstellung für den absoluten Anspruch des „Sonnenkönigs", sondern ermöglichte Ludwig XIV. auch die Anwendung neuer Herrschaftsinstrumente. So schuf er Hofämter, die automatisch verbunden waren mit der Vergabe bestimmter wirtschaftlicher Privilegien. Der immer

2 Kardinal Richelieu während der Belagerung der Hugenotten-Festung La Rochelle, Xylografie nach einem Gemälde von Henri Motte 19. Jahrhundert

3 Im Kampf gegen Kardinal Richelieu
Nach dem historischen Vorbild des Romans „Les Mémoires de d'Artagnan" (D'Artagnans Erinnerungen) von Gatien de Courtilz de Sandras (1700) verfasste Alexandre Dumas 1845 die „Drei Musketiere" und prägte damit maßgeblich ein romantisiertes Bild über die Zeit von Kardinal Richelieu und die Auseinandersetzung mit den Hugenotten.
Szene aus dem Film „Die drei Musketiere", USA 1993, Regie: Stephen Herek

stärker im politischen und militärischen Leben entmachtete Adel konnte dadurch weiterhin im gesellschaftlichen Bereich bevorzugt werden, zwang diesen aber, stets in der Nähe des Souveräns zu sein.
Zugleich betätigte sich der König als Förderer der Künste und Wissenschaften, zwang jedoch damit die wichtigsten kulturellen Kräfte des Landes in den Dienst seiner Herrschaft. Die dadurch hervorgerufenen Anstöße führten in Literatur, Musik, Theater, Architektur, Gartenkunst, Malerei und Technik zu einer neuen Kulturblüte der sog. „französischen Klassik", in der sich Ordnung und Glanz der absoluten Monarchie widerspiegelten. Frankreich löste damit die italienischen Stadtstaaten als kultureller Mittelpunkt Europas ab.

Während mittels eines modernen Verwaltungsapparates und einer nachhaltigen Zentralisierung der Staatsgewalt die innenpolitische Macht des Königs gegenüber dem Adel und den Ständen gestärkt wurde, verfolgte Ludwig XIV. auch die unter Richelieu und Mazarin initiierte außenpolitische Machtpolitik weiter. Um die dafür nötigen militärischen Mittel zur Verfügung zu bekommen, wurde das bisher übliche Söldnersystem, in dem je nach Bedarf für eine bestimmte Zeit Söldnerheere angeworben worden waren, aufgegeben. Bislang hatten nur wenige dauerhafte Einheiten bestanden, beispielsweise die literarisch in den „Drei Musketieren" oder „Cyrano de Bergerac" verklärte königliche Garde. Stattdessen ermöglichten die steuer- und wirtschaftspolitischen Reformen Ludwig XIV. den kostenintensiven Aufbau eines stehenden Heeres.
Hatten bislang die Stände immer wieder die nötigen Gelder für die Aushebung von Truppen bewilligen müssen, so konnte der König nun unabhängig von diesen über Soldaten verfügen, auch entstand eine eigene Verwaltungsorganisation, die bereits dem modernen Kriegsministerium ähnlich war. Die immer stärker werdende Professionalisierung des Kriegshandwerks führte darüber hinaus zur Gründung von Kriegsschulen für die verschiedenen Waffengattungen. Die Soldaten wurden künftig in Kasernen stationiert, waren einheitlich ausgebildet, ausgerüstet und gleichartig uniformiert. Hatte Ludwigs Militärmacht 1643 ca. 45 000 Mann, so wuchs diese bis 1672 auf etwa 120 000 und bis 1703 auf 400 000 dauerhaft unter Waffen stehende Männer an. Im gleichen Maße wurde die Kriegsmarine ausgebaut sowie die Grenzen mit einem Gürtel starker Festungen nach den Plänen des Militärtechnikers Vauban befestigt.
Mit dem Aufbau eines „stehenden Heeres" erhielt der König eine schlagkräftige und disziplinierte Truppe und schaltete den Adel auch im militärischen Bereich als unabhängige Machtkonkurrenz aus. Zwar wurden auch weiterhin die höheren Offiziersränge an Adelige vergeben, doch traten diese nicht mehr als eigenständige Heerführer oder freie Kriegsunternehmer auf. Die höheren Offiziere wurden nun ausschließlich vom König berufen und ließ diese zu „laufbahngebundenen Staatsfunktionären" ohne Befugnisse eigenen Rechts werden.

Nachdem der „Fronde"-Aufstand überwunden war und die Staats- und Militärreformen zunehmend Wirkung zeigten, begann Ludwig XIV. ab 1667, meist gestützt auf fragwürdige Rechtstitel, das französische Territorium durch Eroberungsfeldzüge auszudehnen. In der Auseinandersetzung mit den spanischen Niederlanden 1667–1668 gewann Frankreich wichtige Grenzfestungen in Flandern hinzu. Im Kampf gegen den nördlichen Wirtschaftskonkurrenten wurden 1672–1678 weitere Gebietsgewinne auf Kosten der holländischen Generalstaaten erobert. Seit 1680 wurde schließlich das Elsass auf dem Wege von „Reunionen" annektiert: Französische Gerichte stellten im Auftrag des Königs fest, welche Regionen oder Städte einmal zum Herrschaftsgebiet der französischen Krone gehört hatten. Diese wurden daraufhin unter Einsatz der Armee mit Frankreich „wiedervereinigt" (z. B. Straßburg 1681).
Diese Politik musste zwangsläufig die anderen europäischen Mächte in gemeinsamer Abwehr gegen das expandierende Frankreich zusammenführen. Als Ludwig XIV. unter dem Vorwand von Erbansprüchen seiner pfälzischen Schwägerin Elisabeth Charlotte auch die Pfalz annektieren wollte, schlossen sich die holländischen Generalstaaten, England, Österreich, deutsche Reichsfürsten sowie zeitweilig auch Schweden und Spanien zu einer Allianz zusammen. Nach neun Jahren Krieg musste Frankreich schließlich auf die Pfalz verzichten

4 Ludwig XIV. besucht das von ihm 1674 gegründete Hotel d'Invalides in Paris, wo kriegsversehrte Offiziere aufgenommen wurden. Allegorisches Schmuckblatt, Farbdruck 20. Jahrhundert

und im Frieden von Rijswijk 1697 auf weitere Ansprüche östlich des Rheins verzichten.

Den Höhepunkt der expansiven Außenpolitik des „Sonnenkönigs" sollte aber der Spanische Erbfolgekrieg 1701–1713 bilden. Nach dem Tod des letzten habsburgischen Königs in Spanien forderte Ludwig XIV. den Thron für seinen Enkel Philipp von Anjou. Erneut kam es aber zu einer starken antifranzösischen Allianz, die schließlich die Hoffnungen des „Sonnenkönigs" auf eine hegemoniale Stellung in Europa zunichte machte. Der Frieden von Utrecht 1713 beruhte schließlich auf der englischen Politik des „Gleichgewichts der Kräfte" (balance of power). Zwar wurde Philipp von Anjou der spanische Thron zugesprochen, jedoch war es Spanien untersagt, sich mit Frankreich zu vereinen. Während England sich innerhalb weniger Jahrzehnte zu einer überseeischen Großmacht und zu einem europäischen Schiedsrichter herausgebildet hatte, blieb das ausgeblutete und wirtschaftlich nahezu ruinierte Frankreich letztlich eine europäische Großmacht neben vielen.

Die von König Ludwig XIV. durchgesetzte Zentralisierung der Staatsgewalt fand bald schon ihren symbolischen Ausdruck in der spezifischen Art der höfischen Repräsentation. Zu Beginn seiner Herrschaft zog er noch mit seinem Hofstaat ohne feste Residenz von Schloss zu Schloss. In Paris residierte er z. B. in dem alten Königspalast, dem Louvre, oder er zog in seinem Geburtsort Saint Germain. 1662 beschloss er aber in den Bau eines neuen Schlosses in der Nähe des Dorfes Versailles, welches zum unverrückbaren Mittelpunkt seiner Herrschaftsausübung und der Maßstab des gesellschaftlichen Lebens in Frankreich werden sollte. Das gesamte höfische Zeremoniell war darauf ausgerichtet, die absolute Position des „Sonnenkönigs" darzustellen. Gleiches galt für aufwendige höfische Prachtentfaltung. Versailles, das 1690 fertig gestellt wurde, sollte für den König eine Bühne sein, auf der er allein im Zentrum stand und die Großen des Landes zu Statisten herabgesetzt wurden. Die weitläufige Anlage, an der knapp 30 Jahre gebaut wurde und die

5 Ludwig XIV. in der Akademie der Wissenschaft

1

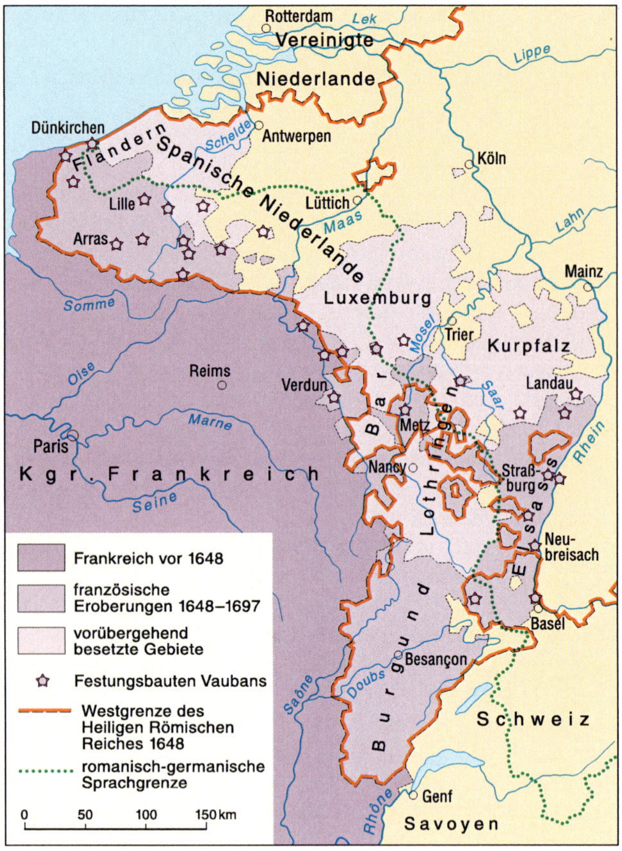

6 Die Grenze Frankreichs zum Deutschen Reich Ende des 17. Jahrhunderts

ungefähr die Summe eines gesamten Jahresbudgets des Landes verschlang, war so konzipiert, dass die Schlaf- und Arbeitsräume des Königs im Zentrum eines symmetrischen Systems von Vorhöfen und Seitentrakten lag. Der Tagesablauf des Monarchen bestimmte das Leben der rund 20 000 Höflinge. Dies bedeutete auch, dass der König so etwas wie ein „Privatleben" nicht kannte. Vom Aufstehen bis zum Schlafengehen, vom Kirchgang bis zur Hofjagd, von der vielen täglichen Schreibtischarbeit bis zu den abendlichen Festveranstaltungen war alles Teil einer öffentlichen „Schaustellung", ein Stück staatlichen Glanzes.

Und doch war der Hof von Versailles zugleich mehr als reine symbolische Herrschaftsrepräsentation, er diente auch als konkretes Machtmittel. Karriere konnte nur noch derjenige machen, der sich am Hof von Versailles befand und der dortigen strengen Etikette unterwarf – unter der Aufsicht des Königs. Gelang es Ludwig XIV. auf diese Weise, den Adel in seine Abhängigkeit zu bringen, so unterwarf er auch als Mäzen die Künste und die Wissenschaften seiner Herrschaft. Dadurch bewirkte er durchaus starke Impulse für die Literatur, Architektur, Musik, Malerei, Gartenkunst und Technik, die ihren Ausdruck in der so genannten „französischen Klassik" fanden und Frankreich zum neuen kulturellen Mittelpunkt Europas werden ließen. Am Ende der Herrschaft Ludwig XIV. war Französisch zur Sprache der Diplomatie und der Wissenschaft worden und die französische Kunst stilbildend in ganz Europa.

7 Das Schloss Versailles 1668, Gemälde von Pierre Patel

Der Hof des Sonnenkönigs, als Symbol der absolutistischen Macht und Zentrum der kulturellen Kräfte, wurde das Vorbild für nahezu alle europäischen Fürstenhöfe. Selbst die kleinen und kleinsten deutschen Herrschaften versuchten das prachtvolle Versailles zu kopieren. Teuer ausstaffierte Residenz- und Lustschlösser und aufwendige Barockgärten gehörten nun zur nötigen Standesrepräsentation. Der europäische Adel versuchte sich in seiner Hofhaltung, die in der Epoche des Rokoko mündete, gegenseitig zu überbieten und gelangte dadurch nicht selten an den Rand des Ruins.

Das Bestreben, den Versailler Hof des Sonnenkönigs zu imitieren, ließ das zersplitterte Deutsche Reich zu einem „Flickenteppich" von „kleinen Sonnen" werden. Dazu zählte die neue anhaltinische Residenz in Köthen, Schloss Nymphenburg in München und das württembergische Ludwigsburg. Im heutigen Niedersachsen entstand in Herrenhausen (heute ein Stadtteil von Hannover) neben einer Schlossanlage ein prachtvoller Lustgarten. Der in Wolfenbüttel residierende braunschweigische Herzog Anton Ulrich ließ hingegen in Salzdahlum bei Braunschweig zwischen 1688 und 1697 nach dem Vorbild von Versailles das Lustschloss Salzdahlum mit einer bedeutenden Gemäldesammlung errichten. Wie bei so vielen Fürsten überforderte allerdings diese Anlage auf Dauer das herzogliche Budget, so dass Salzdahlum Ende des 18. Jahrhunderts verfiel und 1811 von der napoleonischen Besatzung an die Stadt Braunschweig „auf Abbruch" verschenkt wurde. Zwei Jahre später wurde das Lustschloss abgerissen.

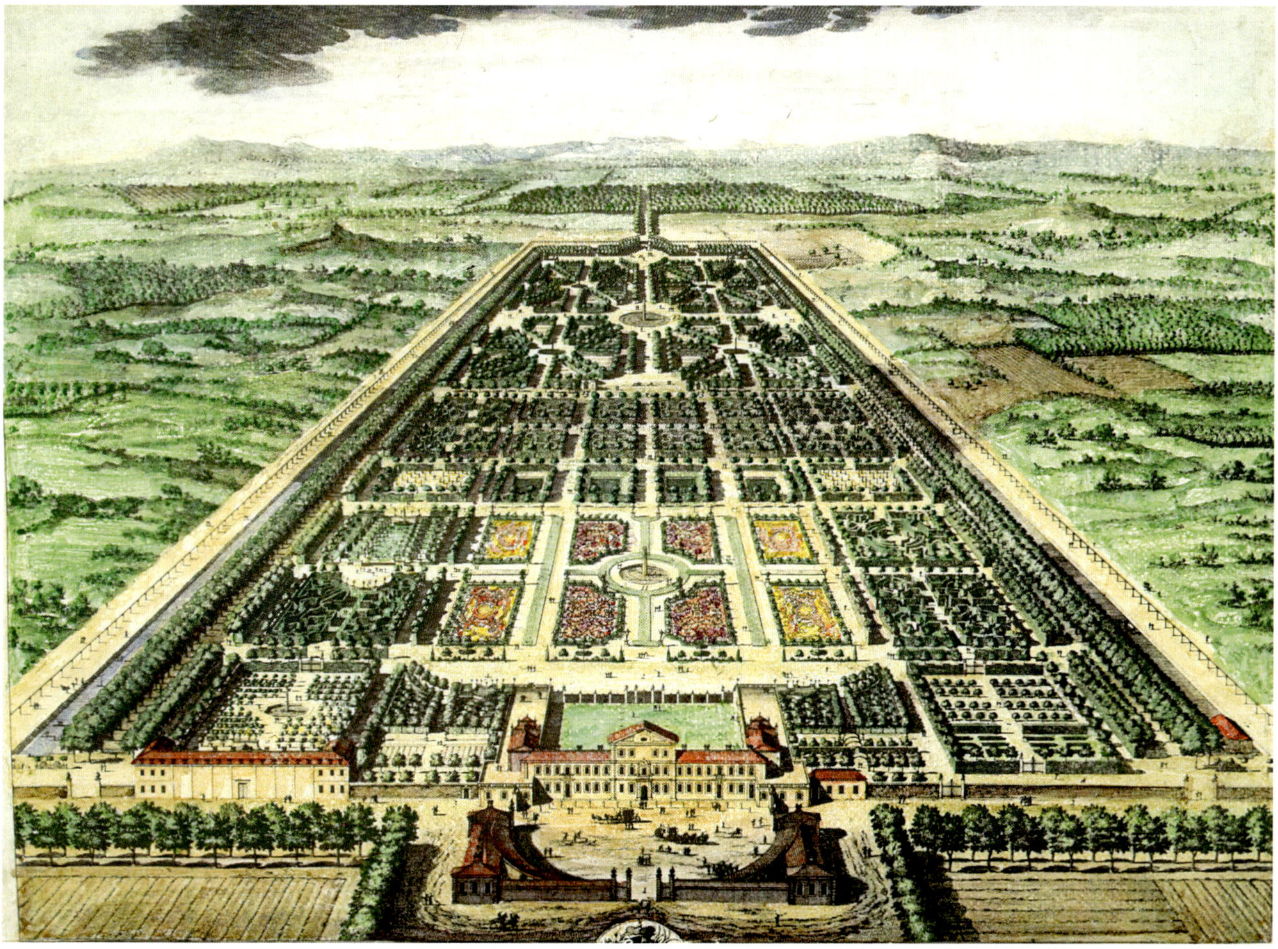

8 **Die Schlossgärten von Hannover-Herrenhausen,** deren Anlage 1666 begonnen wurde. Kolorierte Radierung um 1714

Arbeitsvorschläge

1. Diskutieren Sie, in welcher Form die genannten Residenzen und Gartenanlagen architektonisch das Herrschaftsverständnis der frühneuzeitlichen Monarchen widerspiegeln.
2. Vergleichen Sie die repräsentativen Gartenanlagen des Absolutismus mit Gartenanlagen aus der Zeit der Aufklärung (z. B. der Englische Garten in München oder im sachsen-anhaltinischen Wörlitz). Welche Unterschiede stellen Sie fest?

Methode: Filminterpretation „Der König tanzt"

9 Filmszene aus „Der König tanzt"

In seinem Film „Der König tanzt" widmete sich der belgische Regisseur Gérard Corbiau im Jahr 2000 der französischen Musik zurzeit von König Ludwig XIV., die besonders durch Jean-Baptiste Lully repräsentiert wurde. Der aus Florenz stammende Lully stieg in jungen Jahren sehr rasch zum Musikhofmeister und Tanzlehrer des Königs auf. Sein großes Talent stellte er von da an in den Dienst Ludwig XIV., der Musik und Tanz als Ausdrucksmittel für seinen uneingeschränkten Machtanspruch instrumentalisierte.
Ludwig tanzte selbst gerne als Sonne verkleidet vor seiner Hofgesellschaft und symbolisierte dadurch die göttliche Macht des Souveräns. Tanz und Musik wurden sowohl für Ludwig als auch für Lully ein Mittel der Macht, wobei der eitle König aus seinem Selbstverständnis heraus für sich in Anspruch nahm, immer der Beste zu sein, ob als Tänzer oder als Feldherr. Nachdem aber der König bei dem Versuch, immer schwierigere Figuren zu tanzen, stürzte, kam der Sonnenkönig unter den Augen seines Hofes an die Grenze seiner Willenskraft. Er sollte danach nie wieder tanzen.
Lully aber gerät, ähnlich wie der Theaterdirektor Moliére, in das Geflecht der zahlreichen Intrigen des Versailler Hofes. Corbiau, der Lully und Ludwig XIV. in den Mittelpunkt seines Filmes stellte, schuf dadurch ein beeindruckendes Porträt der Epoche des Sonnenkönigs und zeigt in einer Charakterstudie, wie aus einem schüchternen Infanten von 14 Jahren der mächtigste europäische Herrscher seiner Zeit wurde. Er zeigt den Weg Ludwigs zum Sonnenkönig, zum Herrscher über Frankreich auf einem Höhepunkt seiner Macht – ein Reich in dem die Sonne niemals untergeht?

Schritte zur quellenkritischen Analyse historischer Filme:

- **Hintergrundinformationen:** Überlegen Sie, wer hat den Film zu welcher Zeit gedreht? Nach welchen Gesichtspunkten wurden das Drehbuch geschrieben und die Darsteller ausgewählt? Gab es Auftraggeber, die den Film finanzierten? Lässt die Person des Regisseurs Aussagen über den Film zu?
- **Entstehungszeit:** Gab es einen Anlass, den Film gerade zu dieser Zeit zu drehen (z. B. ein Ereignisjubiläum, Geburts- oder Todestag berühmter Personen)?
- **Authentizität:** Hält sich der Regisseur an die historischen Abläufe? Mit welchen Zielsetzungen hebt er bestimmte Ereignisse hervor, lässt andere weg oder baut er fiktive Szenen in den Film ein?
- Was charakterisiert die Hauptfiguren? Gibt es „Helden", „Gute" und „Böse"; werden auch deren Schwächen gezeigt? Nimmt der Film die Perspektive der Hauptfigur ein oder werden auch andere Sichtweisen dargestellt?
- **Gegenwartsbezug:** Nimmt der Film aktuelle politische oder gesellschaftliche Themen auf? Beabsichtigt der Regisseur eine bestimmte politische Wirkung?
- **Wirkung:** Wie wirkt der Film auf den Betrachter? Welche öffentlichen Reaktionen hat er hervorgerufen; wie waren negative und positive Kritiken begründet?

Arbeitsvorschläge

1. Informieren Sie sich über die Person und das Wirken des Komponisten Jean-Baptiste Lully. Befragen Sie dafür auch eine Lehrkraft für Musik Ihrer Schule.
2. Analysieren Sie anhand des Films, welche Bedeutung Ludwig XIV. der Musik und dem Tanz beimisst.
3. Welche politischen Konflikte der Regierungszeit des Sonnenkönigs finden Eingang in den Film? Versuchen Sie die damit verbundenen Namen herauszuarbeiten.
5. Im Film erscheint auch der Dramatiker Jean Baptiste Poquelin, der unter dem Namen Molière berühmt wurde. Dieser stieg zum „Vergnügungsdirektor" des Königs auf, geriet aber wiederholt in Konflikt mit verschiedenen Hofkreisen. Informieren Sie sich über Moliére und stellen Sie sein Wirken vor dem Hintergrund der Herausbildung des absolutistischen Herrschaftsanspruchs Ludwig XIV. in einem Kurzreferat dar. Befragen Sie dafür auch eine Lehrkraft für Französisch Ihrer Schule.
6. Suchen Sie sich eine Szene des Filmes aus, die in Ihren Augen die Herrschaftsvorstellungen Ludwig XIV. und das Leben am Hof von Versailles am besten darstellt. Spielen Sie diese Szene in Ihrer Klasse nach.

10 Ludwig XIV. als der „Sonnenkönig" im Ballett de Nuit 1653, zeitgenössische Zeichnung

11 „Der König ist absolut"

a) Jacques Béninge Bossuet, Bischof von Meaux, war von Ludwig XIV. beauftragt worden, die Erziehung des Thronfolgers zu leiten. Dafür verfasste er 1682 eine Schrift mit dem Titel „Politique tirée des propres paroles de l'Ecriture Sainte" (Politik, abgeleitet unmittelbar aus den Worten der Heiligen Schrift). Darin heißt es u.a.:

Die Monarchie ist die älteste und naturgemäßeste Staatsform, denn sie ist aus der väterlichen Gewalt hervorgegangen. Alle Menschen werden als Untertanen geboren, und schon die Herrschaft des Vaters, in dessen Gehorsam sie aufwachsen, gewöhnt sie, nur ein Oberhaupt zu verehren. [Daraus folgt:]

1. Satz: Der Fürst ist niemand Rechenschaft schuldig von dem, was er anordnet. Ohne diese bedingungslose Autorität kann er das Gute nicht tun und das Böse nicht beseitigen. Seine Gewalt muss so groß sein, dass niemand sich ihr entziehen kann. Die einzige Zuflucht des Bürgers vor der öffentlichen Gewalt ist seine Unschuld.

2. Satz: Hat der Fürst gesprochen, so gibt es kein anderes Urteil. Man muss dem Fürsten gleichwie der Gerechtigkeit selbst gehorchen, sonst kann Ordnung und ein Ende der Streitigkeiten nicht entstehen. Denn er ist von Gott und sozusagen ein Stück der göttlichen Unabhängigkeit. Gott allein kann über seine Entscheidungen befinden und seine Person richten. Wer daher dem Fürsten den Gehorsam verweigert, hat gar keinen Anspruch, einem anderen Richter zugeführt zu werden, vielmehr wird er ohne Gnade zum Tode verdammt als ein Friedensstörer und Feind der menschlichen Gesellschaft.

3. Satz: Es gibt keine Gewaltausübung gegen den Fürsten. Gewaltausübung bedeutet eine Macht, die rechtmäßig ergangene Befehle vollstreckt. Rechtmäßige Befehle aber vermag nur der Fürst zu geben. Somit gebührt ihm allein die Gewaltausübung. Ihm allein obliegt die allgemeine Volkswohlfahrt. Und aus dieser wichtigen Befugnis folgt alles Übrige: Er teilt die öffentlichen Arbeiten aus, er verfügt über Ämter und Waffen, er vollzieht Erlasse und Befehle, er bestimmt Ehrungen. Wo Macht erscheint, hängt sie von ihm ab, und so ist auch keine Versammlung ohne seinen Vorsitz.

4. Satz: Das bedeutet aber nicht, der Fürst wäre von den Gesetzen befreit. Er ist gleich allen anderen Recht und Gesetz unterworfen, ja er vor allen soll gerecht sein und seinem Volk ein Beispiel in Erfüllung der Gesetze geben. Aber den Strafen der Gesetze ist er nicht unterworfen.

Jacques-Bénigne Bossuet, Oeuvres complètes, La Politique tirée des propres paroles de l'Ecriture Sainte, Bd. 23 und 24, Paris 1862. Zit. nach: Ricardo Krebs, Der europäische Absolutismus, Stuttgart 4. Aufl. 1975, S. 25 f.

b) Kardinal Richelieu, 1624–1642 Erster Minister Ludwigs XIII., schreibt in seinem „Politischen Testament", einer 1629–1638 abgefassten Aufzeichnung seiner politischen Grundsätze:

Die öffentlichen Interessen müssen das einzige Ziel des Fürsten und seiner Minister sein, oder sie beide müssen sich wenigstens so angelegen sein lassen, dass sie sie allen Sonderinteressen vorziehen. Es ist unmöglich, das Gute zu begreifen, das ein Fürst und die, deren er sich bei seinen Angelegenheiten bedient, tun können, wenn sie gewissenhaft diesem Grundsatz folgen, und man kann sich nicht das Übel vorstellen, das einem Staat zustößt, wenn man die Sonderinteressen den öffentlichen vorzieht, und wenn die Letzteren durch die Ersteren bestimmt werden. Die wahre Philosophie, das christliche Gesetz und die Politik lehren so klar diese Wahrheit, dass die Minister eines Fürsten diesem nicht zu oft ein so nötiges Prinzip vor Augen führen und auch der Fürst nicht streng genug diejenigen Minister strafen kann, die elend genug sind, nicht danach zu handeln […].

Da die Macht eines der notwendigsten Erfordernisse für die Größe der Könige und für ihre glückliche Regierung ist, so sind die Staatsminister in ganz besonderer Weise verpflichtet, alles aufzubieten, die Autorität ihres Herrn so zu erheben, dass er bei aller Welt in höchstem Ansehen steht […].

Die Macht, die Fürsten mit Liebe fürchten und hochschätzen lässt, hat mehrere verschiedene Gattungen. Sie ist in einem Baum gleich mit vier verschiedenen Zweigen, die alle ihre Nahrung und Substanz aus ein und derselben Wurzel ziehen: Der Fürst muss mächtig durch seine Reputation sein; durch eine der Räson entsprechende Anzahl von ständig unterhaltenen Kriegsleuten; durch ein genügendes Einkommen zur Deckung der ordentlichen Ausgaben, wie durch eine beträchtliche Geldsumme in seinen Schränken für unvorhergesehene überraschende Gelegenheiten; schließlich dadurch, dass er das Herz seiner Untertanen besitzt […].

Wenn es stimmt, dass die monarchische Regierung mehr der Gottes entspricht, als irgendeine andere, wenn alle geistlichen und weltlichen Staatsmänner lehren, dass diese Art von Herrschaft alle die Arten übertrifft, die je praktiziert worden sind, wenn der Herrscher selbst nicht immer seine Augen auf die Karte oder den Schiffskompass richten will, dann verlangt es der Verstand, dass er diese besondere Aufgabe einem überträgt, der über allen anderen steht […].

Armand Jean Duplessis de Richelieu, Politisches Testament und kleinere Schriften, Berlin 1926, S. 170, S. 196 f.

1

c) König Ludwig XIV. verfasste für seinen Nachfolger eine Schrift mit Erfahrungsregeln für die Ausübung der Herrschaft, die unter dem Titel „Memoiren" veröffentlicht wurde. Darin heißt es:

Ich begann meine eigene Regierung damit, dass ich die vier Staatssekretäre nichts mehr unterzeichnen ließ, worüber sie mit mir nicht vorher gesprochen hatten. Ebenso stand es mit dem Finanzintendanten, und es wurde in seinem Bereiche nichts vorgenommen, was nicht in einem Hauptbuche verzeichnet wurde, das mir zugleich mit einem kurzen Auszug zuging und aus dem ich in jedem Augenblick eine klare Übersicht über die Staatsgelder, über die geleisteten oder noch zu leistenden Staatsausgaben gewinnen konnte. Ein gleicher Befehl ging an den Kanzler [Leiter der Kanzlei]. Jedes Schriftstück, das versiegelt von ihm ausging, musste meine Zustimmung gefunden haben [...].

Im zehnten Jahr verfolge ich jetzt, wie mir scheint, ziemlich standhaft den gleichen Weg, und mein Fleiß ist immer noch der gleiche geblieben. Ich bin über alles unterrichtet, ich leihe dem geringsten meiner Untertanen Gehör, ich kenne zu jeder Stunde die Zahl und den Wert meiner Truppen, den Zustand meiner befestigten Plätze. Ich treffe dauernd meine Anordnungen für alle Bedürfnisse der Truppe, ich verhandele direkt mit den fremden Gesandten, ich empfange und lese die Depeschen [Berichte der frz. Gesandten], ich verfasse selbst einen Teil der Antworten und erkläre bei den übrigen meinen Sekretären kurz den Inhalt des Antwortschreibens. Ich regele selbst Einnahmen und Ausgaben des Staates, ich lasse mir von den Männern, denen ich wichtige Posten anvertraut habe, direkt Rechenschaft ablegen. Ich halte meine Angelegenheiten so geheim, wie es nur irgendjemand vor mir getan hat, ich verteile Gnadenbezeigungen nach meiner eigenen freien Wahl, und doch halte ich, wenn ich mich nicht täusche, meine Diener, mögen sie auch für sich und die Ihrigen mit Wohltaten überhäuft sein, in einer bescheidenen Stellung, die weit von den hohen Machtbefugnissen eines Premierministers entfernt ist [...].

Die zu große Machtstellung der Parlamente [Obergerichte] war während meiner Minderjährigkeit dem ganzen Königreiche gefährlich geworden [...]. Es darf nicht wieder so werden wie im vergangenen Jahrhundert, als es zum Begriff der richterlichen Unbestechlichkeit zu gehören schien, dem Louvre [Königspalast in Paris] fernzubleiben, und dies etwa nicht aus Böswilligkeit, sondern aus einem falsch verstandenen Freiheitsbegriff heraus, aus der Vorstellung vom Volke im Gegensatz zum Fürsten. Sie machten sich zu Verteidigern dieser angeblichen Volksrechte, ohne zu bedenken, dass es hier nicht zwei Interessen, sondern nur eines geben kann, dass die Ruhe der Untertanen nur durch ihre Unterwerfung unter den Willen des Fürsten gewährt werden kann, dass es stets ein geringeres Übel für das Volk bedeutet, wenn es eine schlechte Regierung erträgt, als wenn es sie unter seine Kontrolle nimmt. Denn über die Könige ist Gott allein Richter, und wenn sie gegen das allgemeine Gesetz zu verstoßen scheinen, so beruht ihr Handeln zumeist auf der Staatsraison, die, wie allgemein zugegeben wird, das höchste aller Gesetze ist; aber sie ist zugleich für alle diejenigen, die nicht regieren, das am wenigsten bekannte und dunkelste Gesetz [...].

Schließlich, mein Sohn, müssen wir das Wohl unserer Untertanen weit mehr im Auge behalten als unser eigenes. Man kann sagen, dass sie ein Teil unserer eigenen Person sind; wir sind gleichsam das Haupt des Körpers, dessen Glieder sie sind. Wenn wir ihnen Gesetze geben, so geschieht dies nur zu ihrem eigenen Nutzen; die Macht, die wir über sie haben, darf uns nur dazu dienen, mit umso größerem Eifer für ihren Wohlstand zu arbeiten.

Ludwig XIV., Memoiren, hrsg. von Leopold Steinfeld, Basel 1931. Zit. nach: Volker Dotterweich, u. a. (Hg.), Grundriß der Geschichte, Dokumente Bd. 1, Stuttgart 1985, S. 118 f.

d) Ludwig XIV. resümierte später:

Vor allem kam es mir darauf an, meinen eigenen Ruf fest zu begründen und der Öffentlichkeit schon durch den Rang der Männer, die ich als meine Mitarbeiter nahm, klarzumachen, dass es nicht meine Absicht sein könne, meine Macht mit ihnen zu teilen. Ich musste darauf sehen, dass sie keine höheren Hoffnungen schöpfen konnten, als die Machtbefugnisse zu erhalten, die ich ihnen zuweisen würde. Bei Männern von hoher Ankunft ist dies recht schwierig durchzuführen.

Zit. nach: Bernd-Rüdiger Schwesig, Ludwig XIV. mit Selbstzeugnissen und Bilddokumenten. Hamburg 1998, S. 31.

12 Kleidung macht den König, Karikatur über Ludwig XIV. Zeichnung aus „The Sketchbook" von Titmarsh 1840

13 Gedenkmünze des Sonnenkönigs aus dem Jahre 1674. Die Umschrift „nec pluribus impar“ lässt sich nur frei übersetzen: Alles andere überragend.

14 Ausbau der Königsherrschaft in den Provinzen

Colbert, der für die Innenpolitik zuständige Minister Ludwigs XIV., an Grignan, den Intendanten der Provence, am 27. November 1671:

Ich zweifle nicht, dass Seine Majestät sich freuen wird zu hören, dass alle Deputierten der Stände gekommen sind, um Sie ihres Eifers und ihres Gehorsams für alle Wünsche Seiner Majestät zu versichern. Man muss sie verpflichten, diese schönen Worte in die Tat umzusetzen, und dann die Ständeversammlung, die der Provinz sehr zur Last fällt, schnellstens beenden. – Was die Summe angeht, die Seine Majestät von ihnen fordert, so kann ich Ihnen versichern, dass es angesichts der enormen Ausgaben, die Seiner Majestät für den Krieg zu Lande und zu Meer erwachsen, unmöglich ist, sich mit weniger als 500000 Livres zu begnügen.

Grignan an Colbert am 13. Dezember 1671:

Sie geben mir zu verstehen, dass der König über die Winkelzüge und den Mangel an Ergebenheit der Deputierten der Stände sehr unzufrieden sei. Ich habe sie […] kommen lassen […] und ihnen mit den eindringlichsten Argumenten vorgestellt, welches Unglück sie auf sich und die Provinz herab beschwören würden, wenn sie sich nicht entschlössen, dem König schleunigst zu bewilligen, was er fordert. Es gibt aber Quertreiber, die den besser Gesinnten vorschwätzen, der König werde sich auch mit 400000 Livres begnügen […] Ich halte es daher für außerordentlich wichtig […], wenn Sie mir eine Ordre zur Auflösung der Versammlung schicken nebst einigen Lettres de cachet [königliche Haftbefehle], um die Aufsässigen in Strafe zu nehmen […].

Colbert an Grignan am 25. Dezember 1671:

Ich habe dem König über das fortgesetzt schlechte Betragen der Ständeversammlung der Provence berichtet, und da Seine Majestät nicht länger geneigt ist, dies zu dulden, hat er die nötigen Befehle gegeben, sie nach Hause zu schicken, und zugleich zehn Lettres de cachet zu erlassen, um die zehn am übelsten Gesinnten unter den Deputierten nach Grandville, Cherbourg, St. Malo, Morlaix und Concarneau zu verschicken […]

Colbert an den Bischof von Marseille am 31. Dezember 1671:

Der König nimmt die 450000 Livres, die die Ständeversammlung der Provence ihm als don gratuit [freiwillige] Abgabe dargebracht hat, an; Seine Majestät ist aber so ungehalten über das Betragen der Deputierten bei dieser Beratung, dass er den Befehl gegeben hat, zehn der am übelsten Gesinnten […] zu verbannen […] Seine Majestät dürfte kaum geneigt sein, in Zukunft noch irgendeine Ständeversammlung in der Provence zu gestatten.

Zit. nach: Geschichte in Quellen, Bd. III, Renaissance, Glaubenskämpfe, Absolutismus, hrsg. von Fritz Dickmann, München 1966, S. 433 ff.

15 Der König hat kein „Privatleben“

Louis Herzog von Saint-Simon (1675–1755) lebte seit 1691 am Hofe von Versailles und beobachtete das Hofleben äußerst kritisch. So schreibt er in seinen Memoiren über das morgendliche Aufstehen („Lever“) Ludwigs XIV.:

Der König ist gehalten, eine ganze Aristokratie zu beschäftigen; daher muss er sich fortwährend zeigen und seine Person zur Schau tragen, selbst während der intimsten Momente, selbst beim Verlassen des Bettes, sogar im Bette selbst. Des Morgens weckt ihn der erste Kammerdiener zu der von ihm bestimmten Stunde, und der Reihe nach treten fünf Gruppen von Leuten ein, um ihre Aufwartung zu machen. Zuweilen sind die geräumigsten Wartesäle nicht genügend, die Menge der Höflinge zu erfassen. Zuerst kommt die „vertrauliche Gruppe“ [entrée familière] bestehend aus den königlichen Kindern, den Prinzen und Prinzessinnen von Geblüt, dem ersten Arzt, dem ersten Chirurgen und anderen nützlichen Personen. Dann folgt die „große Gruppe“ [grandes entrée]; dabei befinden sich der Großkämmerer, der Großmeister und der Meister der Garderobe, die Kammer-Edelleute, […] und verschiedene Diener. Man gießt dem König aus einer vergoldeten Schale Franzbranntwein auf die Hände und reicht ihm den Weihkessel [Gefäß mit Weihwasser …]; er bekreuzigt sich und betet. Dann erhebt er sich vor der ganzen Gesellschaft aus dem Bette, zieht die Pantoffeln und den ihm vom Großkämmerer und vom ersten Kammer-Edelmann gereichten Schlafrock an und setzt sich auf den Ankleidesessel. In diesem Augenblick wird die dritte Gruppe hereingelassen [entrée des brevets], die teils aus Günstlingen, teils aus einer Menge von Dienstleuten […] zusammengesetzt ist. Auch die Nachtstuhlinspektoren fehlen nicht […]. Im Moment, da man den König anzukleiden beginnt, nähert sich diesem der […] erste Kammer-Edelmann und nennt ihm die Namen der vor der Tür wartenden Edlen. Diese treten als vierte Gruppe [entrée de la chambre] ein, die zahlreicher ist als die vorhergehenden […]. Der König wäscht sich die Hände und entkleidet sich allmählich. Zwei Pagen ziehen ihm die Pantoffeln aus; das Hemd wird beim rechten Ärmel vom Großmeister der Garderobe, beim linken vom Diener der Garderobe entfernt und einem anderen Garderobe-Beamten übergeben, während noch ein anderer Garderobe-Diener das frische Hemd […] herbeibringt. In diesem feierlichen Augenblick, dem Gipfelpunkt der Handlung, wird die fünfte Gruppe eingelassen, die alles umfasst, was bisher fehlte […]. Endlich ist das Hemd überreicht – ein Diener entfernt das alte; der erste Kammerdiener ergreift den rechten, der erste Diener der Garderobe den linken Ärmel, während zwei andere Diener den Schlafrock als Vorhand vorhalten, bis das Hemd festsitzt. [Die übrigen Kleidungsstücke werden einem ähnlichen Zeremoniell unterworfen]. Nach alledem erteilt jener [der König] Tagesbefehle […].

Hippolyte Taine, Die Entstehung des modernen Frankreich, Bd. 1, bearb. von L. Katscher, Leipzig 1893, S. 148 ff.

16 Außenpolitik Ludwigs XIV.

a) Nach einer Folge langer, blutiger Kriege zur Erweiterung des französischen Staatsgebietes fasste der Festungsbaumeister Ludwigs XIV., Sébastien Le Prestre de Vauban, um 1700 die wünschenswerten Ziele französischer Außenpolitik folgendermaßen zusammen:

Alle ehrgeizigen Wünsche Frankreichs sollen sich zwischen den Gipfeln der Alpen und den Gipfeln der Pyrenäen, zwischen der Schweiz und den beiden Meeren bewegen; dort soll es sich bestreben, auf legitimen Wege je nach Zeit und Gelegenheit seine Grenzen zu errichten. Folglich müsste es sich Genf, Savoyen und die Grafschaft Nizza eingliedern, ebenso Lothringen, das Herzogtum Zweibrücken, das Fürstentum Montbéliard, die Pfalz, das Erzbistum Trier und Mainz und Köln mit den Gebieten diesseits des Rheins, die Herzogtümer Cleve und Jülich, das Land von Lüttich und endlich den Rest der katholischen Niederlande einschließlich Flanderns und des holländischen Brabant. Auf diese Länder sollte Frankreich seine Ambitionen beschränken. Und falls die ganze übrige Christenheit sich ihm unterwerfen wollte, sollte Frankreich, wenn es seine Ruhe und Sicherheit liebt, diesen Erwerb, der ihm nur eine Last werden kann, niemals annehmen; denn es kommt ihm nicht zu, weder in Italien noch jenseits des Rheins oder der Pyrenäen einen Zollbreit Boden zu besitzen.

Vauban, Intérêt présent des Etats de la Chrétienté. In: Werner Hahlweg (Hg.), Klassiker der Kriegskunst, Darmstadt 1960, S. 155 f.

b) In einer 1702 erschienenen Schrift mit dem Titel „Die verarmte Subtilität von Frankreich" wird unter dem Abschnitt „Wie Frankreich zum Kriege verfallet und sehr geldarm und von Volk entblößt wird" Folgendes festgestellt:

Bei so einem herrschsüchtigen Gemüthe, wie dass von Ludovico dem XIV. ist, schiene es wohl anders nicht möglich, als dass die Benachbarten an ihme einen gefährlichen Feind habe, und dieser König zu großem Blutvergießen Ursach geben wurde, wozu er das Zeichen auf die Welt gebracht hat; indem er mit zweyen Zähnen gebohren worden, als eine Vorbedeutung, dass mit einem Zahn er seine, und mit dem anderen, fremde Völker verzehren sollte [...]. Die von selbiger Zeit an geführten Kriege sind auch noch gar in frischem Gedächtnis, gegenwärtiger [der Spanische Erbfolgekrieg 1701–1713/14] aber scheinet der hefftigste von allen zu werden, und von Franckreich Rechnung von so vielem unschuldig vergossenem Christenblut abzufordern; Dann nicht allein die Französische Finanzen; sondern auch das ganze Reich in seinen drey Ständen, ist ganz erschöpft. Die Geistlichkeit ist matt, der Adel verderbt, und am Bettelstab, der Burger hat das Brot nicht, und er Bauer ist geschunden. Kurz um: In Franckreich ist Schmahlhans Kuche-Meister, und wird versichert, zwar von denen dies es wohl wissen wollen, dass die unter Ludwig dem XIV. geführte Kriege, der Schiff-Bau und die Fortificationes, die Verräthereyen und das Divide [Verteilen von Bestechungsgeldern] unter frembden Potentaten, Frankreich mehr, als um die fünfzehnhundert Millionen Gulden geschwächt haben, die auser Lands geblieben, und nicht mehr zurückkommen. Nicht weniger ist die beste Mannschaft von Franckreich aufgerieben, dass die Marckt-Flecken und Dörffer ziemlich öde aussehen, und fast alles von junger Mannschaft lähr ist.

Ricardo Krebs, Der europäische Absolutismus, Stuttgart 4. Aufl. 1975, S. 88 f.

Arbeitsvorschläge

1. Erarbeiten Sie die in den Texten gegebenen Begründungen für das absolute Königtum in Frankreich, in dem Sie die Grundlagen und Kompetenzen der drei Staatsgewalten (Legislative, Exekutive, Jurisdiktion) untersuchen. (M 11)
2. Stellen Sie die Konsequenzen für die praktische Umsetzung dieser Gedanken zusammen. (M 11)
3. Welche Interessen bestimmen das Handeln der direkt und indirekt an dem Briefwechsel (M 14) beteiligten Personengruppen und Einzelpersonen? Wodurch ist ihre jeweilige Vorgehensweise gekennzeichnet?
4. Beschreiben und diskutieren Sie die Funktion des geschilderten Zeremoniells, indem Sie den Bericht mit der Selbsteinschätzung des Königs vergleichen. (M 3)
5. Louis von Saint-Simon gilt als Kritiker des Absolutismus. Prüfen Sie, in welcher Weise in diesem Text auch das Problem der „Korrumpierbarkeit von Eliten" angesprochen wird. (M 15)
6. Skizzieren Sie Ziele und Mittel der französischen Außenpolitik.
7. Setzen Sie sich mit dem Urteil des Textes M 4b auseinander, indem Sie auf die Ziele der königlichen Politik („Der König ist absolut") zurückgreifen.
8. Deuten Sie die Symbolik der Münze im Hinblick auf das Selbstverständnis absolutistischen Herrschertums. (M 13)
9. Vergleich Sie die „absolutistische" Ausformung des modernen frühneuzeitlichen Staates mit politischen Ordnungen der Antike und des Mittelalters hinsichtlich der Rolle von Regierenden und Regierten sowie des Wirkungsgrades staatlicher Macht.
10. Wählen Sie eine beliebige Verfilmung der „Drei Musketiere". Arbeiten Sie zunächst die Art der Darstellung der historischen Charaktere sowie der politischen Situation Frankreichs heraus und vergleichen Sie diese mit dem von Ihnen bereits erarbeiteten Fachwissen. Beziehen Sie dazu die Methodenseite „Filmkritik" mit ein. Bewerten Sie, welches Bild der jeweilige Regisseur vom Ersten Kardinal und dem König zeichnet. Wie würden Sie diese Figuren heute darstellen?

1.2 Übergang zur merkantilistischen Wirtschaftsform im absolutistischen Staat

1 Luxusartikel für den Export sollen die Wirtschaft ankurbeln. Ludwig XIV. besucht eine Gobelinmanufaktur. Historienbild, Xylografie 19. Jahrhundert

Die Auseinandersetzung mit Adel und Ständen sowie die rasch wachsende Erweiterung der staatlichen Aufgaben mit dauerhaften Institutionen war nur möglich, wenn es der Königsgewalt gelang, auch die dafür nötigen Finanzen zu erschließen. Die aufwendige Hofhaltung in Versailles, der Aufbau eines stehenden Heeres und eines effektiven Beamtenapparates, die intensive Bautätigkeit und nicht zuletzt die wiederholten Kriege erforderten Unsummen. Der Bedarf, der den französischen Staat an den Rand seiner Leistungsfähigkeit bringen sollte, benötigte dafür eine professionalisierte Wirtschafts- und Finanzplanung. Vorbilder suchten die französischen Beamten zunächst in den italienischen Renaissance-Stadtstaaten, die besonders auf Handelsförderung beruhten. Der Grundgedanke beruhte darauf, mehr Produkte aus- als einzuführen, somit eine „aktive" Handelsbilanz zu erzielen und über den dadurch vermehrten Geldzufluss auch das Steueraufkommen des Staates zu erhöhen. Frankreich sah sich dabei in starker Konkurrenz zu den Seemächten England und den Niederlanden, die versuchten, jeglichen fremden Zwischenhandel auszuschalten und durch Privilegierung großer Überseehandelsgesellschaften wirtschaftliche Vorteile zu erringen.

Im Bestreben, dem entgegentreten zu können, berief Ludwig XIV. 1661 Jean-Baptiste Colbert zum Generalkontrolleur der französischen Finanzen. Er stand der schwierigen Aufgabe gegenüber, die nach dem „Fronde"-Aufstand leere Staatskasse wieder zu füllen und zugleich den stetig steigenden Finanzbedarf der Reform- und Expansionspolitik des „Sonnenkönigs" zu befriedigen. Colbert förderte nicht nur handelsbelebende Maßnahmen, sondern versuchte auch die Wettbewerbsfähigkeit des französischen Warenangebots für den Binnen- und Außenhandel zu steigern. Die Gewerbeförderung trat damit gleichgewichtig neben die Handelsförderung, wofür später der Begriff „Merkantilismus" geprägt wurde.

Um den erwarteten Gewinnzuwachs von Handel und Gewerbe bestmöglichst für die staatlichen Finanzinteressen nutzen zu können, setzte Colbert auch eine Reformierung des Steuerpachtsystems durch. Bislang pachteten private „Dienstleister" vom Staat den Steuereinzug und behielten als Entlohnung einen beträchtlichen Teil der erhobenen Gelder. Der Staatskasse verblieben vom Steueraufkommen 1661 nur etwa 27,2 %. Eine schärfere Kontrolle der Steuerpächter, die durch das verbesserte Intendantenwesen möglich wurde, und eine Steigerung des staatlichen Anteils mussten zwangsläufig feste Bestandteile der wirtschafts- und finanzpolitischen Vorstellungen des „Colbertismus" sein.

Neben dem Hauptziel, einen ausgeglichenen Staatshaushalt zu erreichen, leitete Colbert eine Reihe staatlicher Wirtschaftsmaßnahmen ein. Diese zielten zunächst auf eine rasche Verbesserung der Verkehrsstruktur, gekoppelt mit einer neu geordneten Zollpolitik. Wichtige Verkehrswege wie Straßen und Kanäle wurden ausgebaut, um so den Handel zu fördern. Um einen einheitlichen französischen Handelsraum zu fördern, wurden die zahlreichen bestehenden Binnenzölle beseitigt. Stattdessen wurden ausländische Erzeugnisse mit hohen Einfuhrzöllen belegt sowie der Import von Rohstoffen begünstigt. Genau gegenteilig wurde mit französischen Produkten verfahren. Eine besondere Förderung richtete sich auf die Herstellung hochwertiger Luxuswaren. Entsprechend wurden Anreize zur Gründung großer, leistungsfähiger und innovativer Manufakturen geschaffen. Ausländische Fachleute wurden angeworben und mit großzügigen Privilegien, Krediten, Subventionen, Steuererleichterungen und der Befreiung vom Zunftzwang ausgestattet, um ihnen den Start als Unternehmer zu erleichtern. Die parallel dazu expansive Kolonialpolitik in Asien und Amerika öffnete nicht nur neue Absatzmärkte, sondern vergrößerte auch die französische Rohstoffbasis.

Die Politik des Merkantilismus zeitigte schon nach wenigen Jahren beachtliche Erfolge. Bis 1667 konnten die Steuereinnahmen um über 60 % gesteigert werden, die gesamten Staatseinnahmen verdreifachten sich zwischen 1661 und 1678. Trotzdem konnte dies den gewaltigen Finanzbedarfs des Landes nicht decken. Besonders die zahlreichen Kriege sogen die Mehreinnahmen sofort auf. Während der gesamten Herrschaft von Ludwig XIV. war es nur einmal möglich, einen ausgeglichenen Staatshaushalt zu erreichen (1669). Bis zum Tod des „Sonnenkönigs" stieg stattdessen die Staatsverschuldung von 17 Millionen auf 3,5 Milliarden Livres um mehr als das Zwanzigfache an. Hinzu kamen wiederholte Rückschläge von Colberts Wirtschaftspolitik. Manche aufwendigen Unternehmensprojekte schlugen fehl, andere blieben teure Prestigeobjekte und wieder andere wurden trotz ihrer mangelnden Rentabilität allein aus Autarkiedenken weitergeführt. Auch gelang es nicht, einen zollrechtlich vereinheitlichten Wirtschaftsraum zu schaffen. Historische, regionale und soziale Sonderrechte erzwangen immer wieder Kompromisse, so dass z. B. weiterhin Zoll-Binnengrenzen zwischen dem Norden des Landes und dem südlichen Langue d'Oc bestanden. Adel und Kirche blieben von Steuern befreit. Hinzu kamen nach dem Tod Colberts (1683) zunehmende Missbräuche in der Praxis der Steuererhebung.

Gesellschaft im absolutistischen Staat

Trotz der in vielen Bereichen des Staates stattfindenden Veränderungen blieb die ständisch gestufte Gliederung der französischen Gesellschaft auch unter Ludwig XIV. in Geistliche (erster Stand), Adel (zweiter Stand) sowie Bürger und Bauern (dritter Stand) bestehen. Allerdings schloss dies eine starke Differenzierung innerhalb der Stände und eine begrenzte Mobilität zwischen den Ständen nicht aus. Neue Aufstiegsmöglichkeiten eröffneten sich besonders den zahlreichen Fachleuten bürgerlicher Herkunft, die durch ihre Spezialkenntnisse in Wirtschaft und Verwaltung stark privilegiert waren. Gelangten solche „Spezialisten" als Unternehmer oder Beamter zu Reichtum, übernahmen sie meist die Lebensformen des Adels und glichen sich diesem damit äußerlich an. Durch den Kauf von Staatsämtern, mit denen auch die Erhebung in den Adelsstand verbunden war, entstand der „noblesse de robe" (Amtsadel). Da dem Großteil des alten Schwert- oder Geblütsadels die zum Ämterkauf nötigen Mittel fehlten, wurde der Staatsdienst – mit Ausnahme der Hofämter und hoher Offiziersstellen – bald zum Monopol des dem Bürgertum entstammenden Amtsadels. Auf diese Weise existierte eine gewisse Durchlässigkeit von unten nach oben, jedoch wurden die Standesgrenzen dadurch nicht grundsätzlich in Frage gestellt.

Tief greifende funktionale Veränderungen vollzogen sich innerhalb der alten Adelsschicht, da frühere Formen der politischen und militärischen Eigenständigkeit durch den absoluten Monarchen aufgehoben und durch Aufgaben im unmittelbaren Umfeld des Königs, beispielsweise im Hofdienst, ersetzt wurden. Infolge seiner Nähe zum Monarchen und aufgrund wirtschaftlicher Privilegien gewann der Hofadel die herausragende gesellschaftliche Rolle. Der Provinz- und Landadel konnte mit dieser Entwicklung oft nicht Schritt halten, verlor an Einfluss und geriet nicht selten in ernste wirtschaftliche Schwierigkeiten. Angehörige dieser Adelsschicht blieb allenfalls eine militärische Karriere offen oder der Weg in eines der hohen Kirchenämter, die nach wie vor ausschließlich mit Adeligen besetzt wurden.

Paradoxerweise wirkte im absolutistischen Staat bei aller gesellschaftlichen Differenzierung doch gleichzeitig eine deutliche Tendenz zu gesellschaftlicher Vereinheitlichung: Durch den immer größer werdenden Abstand zwischen dem Herrscher und den Regierten gerieten die Mitglieder aller Stände in eine zwar zunächst noch deutlich abgestufte Untertanenposition, die sich aber in der weiteren historischen Entwicklung auf den „gemeinsamen Nenner" des Staatsbürgers zubewegte.

Große Teile des Adels und des gehobenen Bürgertums profitierten wirtschaftlich und gesellschaftlich von dem absolutistischen Herrschaftssystem und der merkantilistischen Wirtschaftspolitik. In anderen Bevölkerungsgruppen, vor allem im bäuerlichen Bereich und in der bürgerlichen Unterschicht, vollzog sich hingegen ein gesellschaftlicher und wirtschaftlicher Abstieg bis zur untersten Grenze des Existenzminimums. Verursacht wurde diese Misere durch die einseitig handels- und gewerbefördernde Ausrichtung des merkantilistischen Wirtschaftsprogramms bei gleichzeitiger Vernachlässigung der Landwirtschaft, durch die oft willkürliche und zu hohe Steuererhebung, durch Missernten und Kriegsfolgen. Hunger und Verelendung ließen die Unzufriedenheit am Ende des 17. Jahrhunderts unter den betroffenen Bevölkerungsschichten immer stärker ansteigen.

2 **Jean-Baptiste Colbert** (1619–1683), französischer Finanzminister unter Ludwig XIV., zeitgenössisches Gemälde Chantilly

3 Die Wirtschaft Frankreichs im späten 17. Jahrhundert

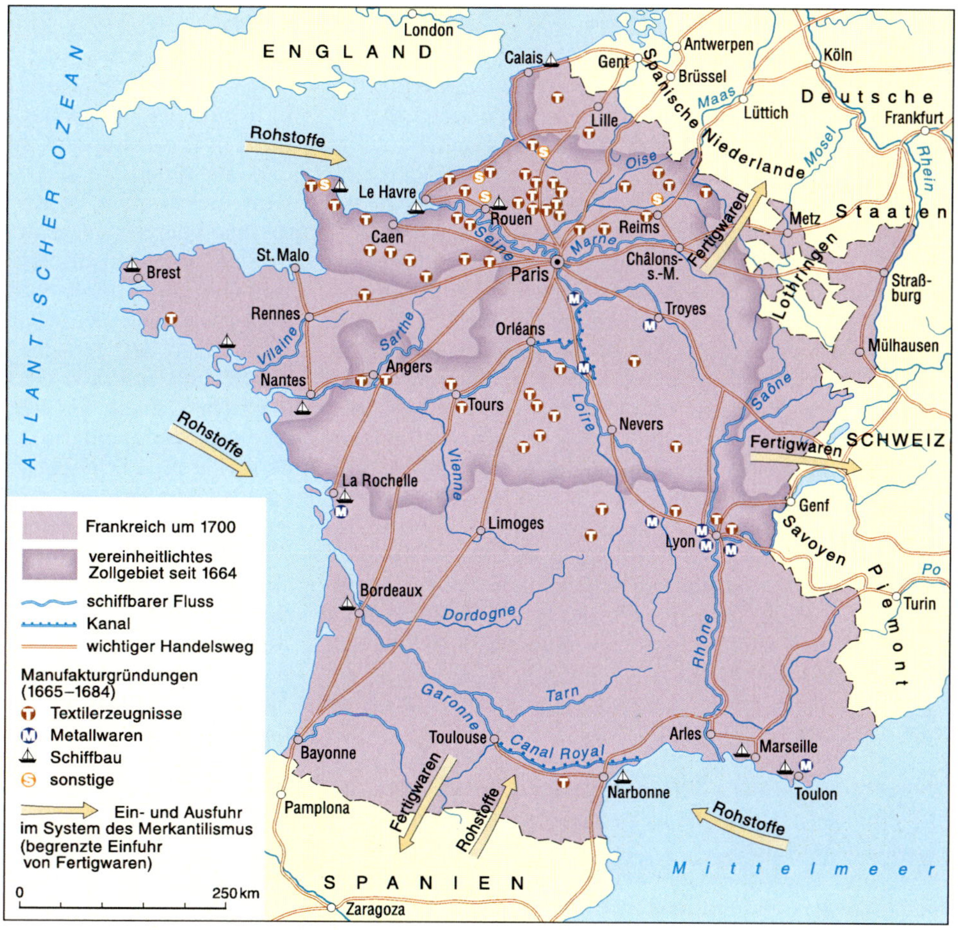

4 Theorie des „Colbertismus"

Am 3. August 1664 verfasste Jean Baptiste Colbert, seit 1661 für über zehn Jahre zugleich Finanz-, Wirtschafts- und Marineminister, eine Denkschrift für das erste vom König abgehaltene „Conseil de Commerce", eine Art wirtschaftlicher Sachverständigenrat, und schrieb darin u. a.:

Die Gründe für den schlechten Zustand des Binnenhandels sind: die Schulden der Städte und Gemeinden, die den freien Verkehr von Provinz zu Provinz und von Stadt zu Stadt, der doch die Grundlage allen Handels der Untertanen des Königs bildet, hindern; die durch diese Schulden in den Städten verursachten schikanösen Prozesse, die die Bürger erschöpfen, die Menge der überall im Lande und an den Flüssen errichteten Zollstationen, der schlechte Zustand der Landstraßen, die übertriebene Vermehrung der Beamtenstellen, die enorme Besteuerung aller Produkte [...] und – um es mit einem Wort zusagen – die Gleichgültigkeit des Königs und seines Conseil, die das Gleiche bei allen Subalterbeamten zur Folge hat, in deren Händen die Polizeigewalt und Befugnis zur Erhaltung und Vermehrung der Manufakturen liegt.

Außenhandel: Es steht fest, dass mit Ausnahme einiger Marseiller Schiffe [...] kein Außenhandel im Königreich existiert. Das geht so weit, dass es auf den Franzosen besiedelten amerikanischen Inseln 150 holländische Schiffe gibt, die den Handel nach dort besorgen. Sie bringen Lebensmittel aus Deutschland und im eigenen Land hergestellte Manufakturerzeugnisse nach dort und bringen dafür Zucker, Tabak und Farbstoffe nach Hause, bezahlen dort den Einfuhrzoll, verarbeiten diese Materialien, zahlen darauf den Ausfuhrzoll und bringen sie dann zu uns.

[...] Ich glaube, man wird ohne weiteres in dem Grundsatz einig sein, dass es einzig und allein der Reichtum an Geld ist, der die Unterschiede an Größe und Macht zwischen den Staaten begründet. Was dies betrifft, so ist es sicher, dass alljährlich einheimische Erzeugnisse [...] für den Verbrauch im Ausland im Wert von 12 bis 18 Millionen Livres hinausgehen. Das sind die Goldminen unseres Königreiches, um deren Erhalt wir uns sorgfältig bemühen müssen [...]. Je mehr wir die Handelsgewinne, die die Holländer den Untertanen des Königs abnehmen, und den Konsum der von ihnen eingeführten Waren verringern können, desto mehr vergrößern wir die Menge des hereinströmenden Bargeldes und vermehren wir die Macht, Größe und Wohlhabenheit des Staates. Denselben Schluss können wir hinsichtlich des Zwischenhandels ziehen, d. h. derjenigen Waren, die wir aus Ost- und Westindien holen und nach Nordeuropa bringen können, von wo wir die zum Schiffbau nötigen Materialien selber heranführen können, worauf zum anderen Teil Größe und Macht des Staates beruhen. Außer den Vorteilen, die die Einfuhr einer größeren Menge Bargeld in das Königreich mit sich bringt, wird sicherlich durch [...] Manufakturen eine Million zurzeit arbeitsloser Menschen ihren Lebensunterhalt gewinnen. Eine ebenso beträchtliche Anzahl wird in die Schifffahrt und in den Seehäfen Verdienste finden, und die fast unbegrenzte Vermehrung der Schiffe wird im gleichen Verhältnis Größe und Macht des Staates vermehren. Dies sind die Ziele, nach denen der König meines Erachtens aus guter Gesinnung und Liebe zu seinem Volk streben sollte.

Jean Baptiste Colbert, Lettres, Instruction et Mémories, Bd. II, 1, Paris 1863, S. 263, 266 ff. Zit. nach: Geschichte in Quellen, Bd. III, Renaissance, Glaubenskämpfe, Absolutismus, bearb. von Fritz Dickmann, München 1966, S. 447 f.

1

5 Die Praxis staatlicher Wirtschaftspolitik

a) Der venezianische Gesandte in Frankreich, Giustiniani, äußert sich am Ende der 1660er-Jahre folgendermaßen:

M. Colbert [...] unterlässt nichts, um in Frankreich die Industrien der anderen Länder heimisch zu machen. [...] Er versucht auf englische Art die französischen Rinderhäute zu gerben, damit sie denselben Nutzen gewähren wie die englischen Felle und sie ersetzen. Holland hat man die Art der Tuchmacherei entlehnt, wie auch den Käse, die Butter und andere Besonderheiten. Deutschland hat man die Hutmacherei und die Fabrikation des Weißblechs und viele andere industrielle Arbeiten abgesehen, Italien die Spitzen und die Spiegel. Fünf- oder sechstausend Frauen arbeiten hier in der Mehrzahl der Provinzen verteilt, und viele Werkmeisterinnen aus Venedig sind hierher gekommen [...]. Das Beste, was man in allen Weltteilen hat, stellt man jetzt in Frankreich her, und so groß ist die Beliebtheit dieser Erzeugnisse, dass von allen Seiten Bestellungen einlaufen [...] Um ein lästiges Wechseln zu vermeiden, muss man Geld in das Königreich schicken zu völliger Befriedigung der Wünsche Colberts, der nur danach trachtet, die anderen Staaten dessen zu berauben, um Frankreich damit zu bereichern.

Otto Tschirch (Hg.), Zeitalter des Absolutismus, Bd. I. Leipzig, 4. Aufl., 1930, S. 14.

b) Die Arbeit in einer Spiegelmanufaktur um die Mitte des 18. Jahrhunderts wird von einem kritischen Beobachter folgendermaßen beschrieben:

Wer zählt die bitterlichen Seufzer, welche so vielen Arbeitern von jenen Spiegeln entrissen werden, die wir als hauptsächlichen Luxus unserer Wohnungen überall anbringen? Man möge mit mir die Werkstätten besuchen, wo der Mensch Arbeiten verrichtet, zu denen ihn kein Tyrann verurteilen würde. Die Halle überrascht durch ihre Größe und die vielen Räder und Schleifsteine, welche mehr als vierhundert Arbeiter – in Reihen nebeneinander stehend – zum Polieren auf den Spiegeln kreiseln lassen. Man bewundert die Ordnung und Symmetrie des Ganzen; aber bald wird auch das verhärtetste Gemüt von Teilnahme und Mitleid erfasst angesichts der lärmend in Bewegung gesetzten Räder, der Plackerei und schrecklich anzusehenden Gliederverrenkung des Arbeiters, der sich keuchend, stöhnend und schwitzend damit abplagt, einer aus Sand gewonnenen Glasmasse Glanz und Durchsichtigkeit zu verleihen [...]. Hier ist auch der Ort, von den Gefahren zu sprechen, die den Arbeitern beim Auflegen der Spiegelfolie drohen. Sie müssen jedes Mal den Atem anhalten, weil sonst das unmerklich verdampfende Quecksilber [...] in den Körper eindringt. Um seine Wirkung wenigstens teilweise abzuschwächen, müssen sie jedes Mal Hände, Mund und Augen mit frischem Wasser waschen und solches auch durch die Nasenlöcher einziehen. Trotz dieser Vorsichtsmaßnahmen werden bald alle Glieder von einem ständigen Zittern erfasst [...].

Hat ein Arbeiter das Pech, einen Spiegel zu zerbrechen, so begradigt man die Stücke und zieht ihm den Minderwert vom Lohn ab. Welch unbarmherziges Kalkül! [...] Die Manufaktur besitzt ein Exklusiv-Privileg. Sie verdient Millionen, denn heutzutage werden zur Ausschmückung eines Schlosses kaltblütig Spiegel im Wert von fünfzigtausend Talern aufgewendet.

Louis Sébastian Mercier, Paris am Vorabend der Revolution, Übers. G. Metken, Karlsruhe 1967, S. 118ff. Zit. nach: Hermann de Buhr, Die Entstehung des modernen Staates im Absolutismus, Frankfurt/M. 1975, S. 36.

6 Der Historiker Klaus Malettke urteilt über die Regierung Ludwigs XIV.:

Unter Ludwig XIV. wurde der monarchische Absolutismus in Frankreich ausgebaut und verfestigt. Die königliche Zentralverwaltung und die Provinzialadministration wurden effektiviert. Zu Recht ist der endgültige Auf- und Ausbau eines straffen Netzes von etwa dreißig Intendanten, die als jederzeit abberufbare Funktionsträger des Königs in den Provinzen und als Gegengewicht gegen die traditionellen Amtsträger und partikularen Gewalt etabliert wurden, als eine der bedeutendsten innenpolitischen Entwicklungen der Herrschaft Ludwigs XIV. bezeichnet worden. Ebenso gehören die Gesetzgebungswerke des Königs auf dem Gebiete der Rechtspflege, des Forstwesens, des Handels, der Handelsschifffahrt und des Sklavenhandels zu den großen Leistungen seiner Regierung.

Über diesen Erfolgen dürfen aber nicht die Grenzen seiner Leistungen auf dem Felde der Innenpolitik verkannt werden. Die [...] strukturellen Gegebenheiten und die aggressiven außenpolitischen Ambitionen des Königs, die besonders nach 1672 deutlich werden, setzen den Reformimpulsen ein vorzeitiges Ende. Dies hatte zur Folge, dass die Rechts- und Verwaltungsreformen und die vielfältigen merkantilistischen Förderungsmaßnahmen kein dauerhaftes und in die Zukunft weisendes Bündnis eingehen konnten. Vielmehr erwies sich auch im Frankreich Ludwigs XIV., dass die langfristigen merkantilistischen Konzepte durch die Kriegs- und Repräsentationspolitik des Königs zugunsten kurzfristiger fiskalischer Vorteile instrumentalisiert wurden. Der „Merkantilismus degenerierte so zum Fiskalismus, der sich mit Ämterhandel und Korruption verband und, zumindest in Frankreich nicht nur im 17. Jahrhundert, sondern auch über weite Strecken des 18. Jahrhunderts den auf wirtschaftliche Dynamisierung gerichteten Impuls des Merkantilismus erstickte."

Zit. nach: Klaus Malettke, Ludwig XIV. von Frankreich. Leben, Politik und Leistung, Göttingen 1994, S. 156f.

7 „Die trunckene Trunckenheit", Kupferstich des 17. Jahrhunderts gegen das Tabakrauchen

8 Frankreich am Ende des 17. Jahrhunderts

1698 verfasste der königliche Festungsbaumeister Vauban eine Schrift, in der er auf die soziale und politische Lage seines Landes hinwies:

[Ich] bin zu der Wahrnehmung gelangt, dass in der letzten Zeit fast ein Zehntel der Bevölkerung an den Bettelstab gelangt ist und sich tatsächlich durch Betteln erhält; dass von den übrigen neun Zehnteln fünf nicht in der Lage sind, das erste Zehntel durch Almosen zu unterstützen, weil sie selber diesem Elendszustand um Haaresbreite nahe sind. Von den verbleibenden vier Zehnteln sind drei außerordentlich schlecht gestellt und von Schulden und Prozessen bedrängt. In dem zehnten Zehntel, zu dem ich alle Angehörigen des Schwert- und Amtsadels [...], Geistliche wie Laien, den ganzen Hochadel, den besseren Adel [...], die Inhaber militärischer und ziviler Chargen [Staatsämter], die Großkaufleute, die wohlhabendsten und von ihren Renten [Pachterträgen aus Grundbesitz] lebenden Bürger rechne, gibt es keine hunderttausend Familien, mit denen man rechnen könnte, und ich glaube mich nicht zu irren, wenn ich sage, dass es keine zehntausend geringe oder große Familien gibt, von denen man sagen könnte, dass es ihnen wirklich gut geht [...].
Ich fühle mich bei Ehre und Gewissen verpflichtet, Seiner Majestät vorzutragen, dass man nach meinem Eindruck in Frankreich von jeher nicht genug Rücksicht auf das niedere Volk genommen [...] hat. Daher ist es denn auch die am meisten ruinierte und elendste Schicht im Königreich, andererseits aber durch seine Zahl und durch die wirklichen und nützlichen Dienste, die es dem Staat leistet, die bedeutendste Schicht. Denn das Volk ist es, das alle Lasten trägt, das immer am meisten gelitten hat und noch leidet [...]. Die Einkünfte von Privatpersonen fließen aus dem Boden, dem Handel, der Industrie; die wahren Grundlagen der Einkünfte der Könige sind die Menschen selber: Von ihnen beziehen sie ja nicht nur ihre gesamten Einnahmen, sondern über sie verfügen sie auch in allen anderen Angelegenheiten. Die Menschen sind es, die ihr Geld hergeben, die [...] sich allen möglichen Gefahren aussetzen, um Güter und Leben ihres Herrschers zu schützen, die Kopf, Arm und Glieder zu seinem Dienst verwenden, ja nicht einmal heiraten und Kinder zeugen können, ohne dass der Fürst einen Vorteil davon hat, denn er gewinnt ja dabei ebenso viele neue Untertanen [...]. Dieses Kapitel gilt es sorgfältig zu behandeln und sein Anwachsen mit allen gesetzlichen Mitteln zu fördern. [...] Auch wer nur wenig von den ländlichen Verhältnissen weiß, erkennt ohne weiteres, dass die Einkommenssteuer (tailles) eine der Ursachen des Übels darstellen. Nicht, weil sie durchweg zu hoch wären, sondern weil bei der Veranlagung das rechte Verhältnis fehlt, nicht nur im Großen von Gemeinde zu Gemeinde, sondern auch von einem Steuerpflichtigen zum anderen. Mit einem Wort, sie sind zur Willkür geworden, denn es besteht überhaupt kein Verhältnis mehr zwischen dem Einkommen des Steuerpflichtigen und der Steuer, mit der man ihn belastet. Außerdem werden die Abgaben mit der äußersten Härte eingetrieben und unter so hohen Kosten, dass mindestens ein Viertel des Betrages der Taille ganz sicher dafür aufgezehrt wird. [...] Leute von Macht und Ansehen erreichen es oft durch ihren Einfluss, dass der Steuerbetrag einer oder mehrerer Gemeinden weit unter die ihrer Zahlungskraft entsprechende Höhe gesenkt wird. Natürlich fällt diese Entlastung der einen Gemeinde zwangsläufig anderen benachbarten Gemeinden zur Last [...].

Sébastian de Vauban, Projet d'une Dixieme Royale, Paris 1933. Zit. nach: Geschichte in Quellen, Bd. III, Renaissance, Glaubenskämpfe, Absolutismus, München 1966, S. 460 ff.

1 Die Taille wurde in der Form erhoben, dass in jedem Ort irgendein Einwohner mit der Umlegung und Einziehung beauftragt und für den Gesamtbetrag persönlich haftbar gemacht wurde, wobei er im Einzelnen völlig willkürlich verfahren konnte.

Arbeitsvorschläge

1. Erarbeiten Sie Ziele und Mittel der von Colbert geforderten Wirtschaftspolitik. (M 4)
2. Stellen Sie die Wirklichkeit des Manufakturwesens und die Probleme der frühen „Industrialisierung" dar. (M 5) Wer war Gewinner, wer Verlierer der merkantilistischen Politik in Frankreich?
3. Überlegen Sie, ob hinter der kritischen Beschreibung der tatsächlichen Zustände eine grundsätzliche Kritik an der bestehenden Staats- und Wirtschaftsordnung steht.
4. Erläutern Sie, inwieweit und warum hinter dem scheinbar gesundheitspolitischen Appell gegen das Rauchen (M 7) wirtschaftspolitische Ziele zu sehen sind.
5. Vergleichen Sie Vaubans Definition (M 8) von „Reichtum" mit der Colberts (M 4).
6. Diskutieren Sie, welche Aussichten bestanden, dass Vaubans Denkschrift bis zum König gelangte und von diesem ernst genommen wurde.

1

Geschichte regional: Migration durch Vertreibung – die Hugenotten

Wie das Heilige Römische Reich Deutscher Nation wurde auch Frankreich im 16. Jahrhundert von Glaubenskämpfen zwischen Anhängern der Reformation und der katholischen Kirche erschüttert. Geprägt wurde dort die reformatorische Bewegung besonders durch den von Genf aus wirkenden, ursprünglich aus Nordfrankreich stammenden ▶ Johannes Calvin (1509–1564).
Vor dem Hintergrund machtpolitischer Kämpfe zwischen Krone und Adel, aber auch außenpolitischer Konflikte führten besonders die Könige Heinrich II. und Franz II. eine nachhaltige anti-hugenottische Politik. 1560 schlossen sich die protestantischen Gemeinden doch zu einer gemeinsamen Kirche zusammen. Die Rivalität zwischen Katholiken und Protestanten eskalierte schließlich 1562, wodurch eine Folge von acht „Hugenottenkriegen“ begann. Den blutigen Höhepunkt bildete die sog. Bartholomäusnacht, als am 24. August 1572 ein Pogrom in Paris etwa 2000 Hugenotten das Leben kostete. In ganz Frankreich starben in den anschließenden Wochen nahezu 10 000 Menschen bei weiteren Verfolgungen. Zunehmend wurden die Hugenotten in den Süden Frankreichs abgedrängt. Doch erst 1598 konnte Heinrich IV. durch das Edikt von Nantes eine vorläufige Befriedung des Landes herbeiführen, indem den Hugenotten die Duldung als religiöse Minderheit zugestanden wurde. Sie durften nun ihre reformierte Religion ausüben und ihnen wurde der Zugang zu Staatsämtern zugesichert. Für die Ausbildung reformierter Geistlicher durften Akademien eingerichtet werden. Das Edikt von Nantes blieb jedoch nicht von Bestand. Nach dem Tod von Heinrich IV. verschärften sich wieder die Gegensätze zwischen dem katholischen Norden und den Hugenotten im Süden, wobei die Hugenotten einen Staat im Staate darstellten. Unter der indirekten Herrschaft von Kardinal Richelieu begann der Staat wieder zielgerichtet gegen die Stellung der Hugenotten vorzugehen. 1628 fiel die wichtige protestantische Seefestung La Rochelle. Die Möglichkeiten der Berufswahl, der Glaubensausübung und des öffentlichen Wirkens wurde für die Hugenotten immer stärker eingeschränkt. Unter der Herrschaft Ludwig XIV. wurde auch der wirtschaftliche Druck auf die Hugenotten erhöht, was u.a. durch immer umfangreichere Einquartierungen von Soldaten in den protestantischen Haushalten geschah. Gleichzeitig wurden die Bemühungen, die Hugenotten zum Übertritt zur katholischen Kirche zu bewegen, durch publizistische Kampagnen aber auch durch materielle Anreize intensiviert. So wurde z.B., da der Austritt aus der reformierten Kirche oft den Verlust des Geschäfts, des elterlichen Erbteils und sämtlicher Arbeitsmöglichkeiten im Umfeld der protestantischen Gemeinden zur Folge hatte, 1676 die „Caisse des conversions“ (Konversionskasse) gegründet, die solche Verluste ausgleichen sollte.
1685 hob Ludwig XIV. im Edikt von Fontainebleau das Edikt von Nantes endgültig auf. Indem die religiösen Minderheitenrechte aufgehoben und der Rekatholisierungsdruck verstärkt wurde, wollte der „Sonnenkönig“ die Spaltung des Landes beenden. Der Wahlspruch „Une foi, une loi, un roi“ (ein Glaube, ein Gesetz, ein König) ließ keinen Platz für eine so starke Minorität wie den Hugenotten. Das Edikt von Fontainebleau verbot im ganzen Reich die Durchführung von Gottesdiensten der Hugenotten und ordnete die Zerstörung aller protestantischen Kirchen an. Den Hugenotten wurde zugesichert, bei einer Rückkehr zur katholischen Kirche, ihre Rechte und ihren Besitz zurückzuerhalten. Reformierten Predigern wurden Umschulungen und höhere Gehälter in Aussicht gestellt. Von den ca. 800 000 Hugenotten, die 1670 vor der Eroberung des Elsass unter den etwa 19 Millionen Katholiken in Frankreich lebten, traten daraufhin die meisten nach 1685 als Neukonvertierte der katholischen Kirche bei. Etwa 170 000 wählten aber die Emigration in die angrenzenden Länder. Der größte Teil wanderte nach Großbritannien, in die Niederlande und in verschiedene deutsche Staaten aus. Dort waren die Glaubensflüchtlinge nicht zuletzt aus wirtschaftlichen Gründen willkommen. Brandenburg-Preußen litt immer noch unter den Verwüstungen und den Bevölkerungsverlusten im Zuge des Dreißigjährigen Krieges, so dass der „Große Kurfürst“ Friedrich Wilhelm (1620–1688) 1685 im Edikt von Potsdam ausdrücklich die aus Frankreich flüchtenden Protestanten zur Ansiedlung einlud. Schuf die Einwanderung von nahezu 20 000 Hugenotten auch große Spannungen mit den Einheimischen, führte dies doch zu wichtigen Impulsen in Kultur und Wissenschaft Brandenburgs. Der erhoffte industrielle Aufschwung blieb hingegen weitgehend unerfüllt. Ähnlich Prozesse fanden auch in anderen deutschen Einwanderungszentren statt. An manchen Residenzen wie z.B. beim Celler Herzog Georg-Wilhelm erlangten die zugezogenen Hugenotten zentrale Positionen am Hof.

9 **Der Zuzug der Hugenotten** veränderte durch Errichtung neuer Wohnviertel viele Städte in Deutschland. Solche architektonischen Spuren sind bis heute sichtbar.

10 **Das Blutbad von Vassy** am 1. März 1562, als Katholiken unter Führung des Herzogs Heinrich von Guise ein protestantisches Gebetshaus überfielen. Kupferstich von Tortorelt & Perressin 1570

11 **Das Edikt von Nantes durch König Heinrich IV., 13. April 1598**

III. Wir befehlen, dass die katholische, apostolische, römische Religion an allen Orten und Stellen Unseres Königreiches und Machtgebietes, wo ihre Ausübung unterbrochen worden ist, wieder hergestellt und aufgerichtet wird. […]

VI. Um keinen Anlass zu Unruhen und Streitigkeiten zwischen Unseren Untertanen bestehen zu lassen, haben Wir erlaubt und erlauben Wir den Anhängern der so genannten reformierten Religion, in allen Städten und Ortschaften Unseres Königreiches und Ländern Unseres Machtbereichs zu leben und zu wohnen, ohne dass dort nach ihnen gesucht wird oder sie bedrückt und belästigt und gezwungen werden, etwas gegen ihr Gewissen zu tun.

VII. Wir haben auch allen Seigneurs, Edelleuten und sonstigen Personen, Inländern wie auch anderen, die sich zu so genannten reformierten Religion bekennen und in Unserem Königreich und Machtgebiet die hohe Gerichtsbarkeit haben […], die Ausübung der genannten Religion in einem ihrer Häuser, das sie Unseren Gerichtsbeamten als ihren Hauptwohnsitz in ihrem Gebiet benennen werden, zu gestatten, solange sie dort ihren Wohnsitz haben, desgleichen in ihrer Abwesenheit ihren Frauen, ihrer Familie oder einem Teil derselben […] Wir gestatten ihnen die genannte Religionsübung auch in ihren anderen Häusern im Bereich ihrer hohen Gerichtsbarkeit, aber nur für die Zeit ihrer Anwesenheit, und zwar alles das für sie, ihre Familie, ihre Untertanen und andere, die dorthin gehen wollen […]

XIV. Wir verbieten ausdrücklichst, die genannte Religion an Unserem Hofe und in Unserem Gefolge, ebenso wenig in Unserer Stadt Paris und in einem Umkreis von fünf Meilen außerhalb dieser Stadt auszuüben. […]

XVI. Wir erlauben den Anhängern der genannten Religion, in den Städten oder Plätzen, wo ihnen die Religionsausübung gestattet ist, dafür Gebäude zu errichten. Die früher von ihnen errichteten Gebäude werden ihnen zurückgegeben. […]

XVIII. Wir verbieten auch allen Unseren Untertanen, von welchem Rang und Stand auch immer sie seien, die in der so genannten reformierten Religion getauften Kinder wiederzutaufen oder wiedertaufen zu lassen wie auch sie durch Gewalt oder Verführung gegen den Willen ihrer Eltern wegzunehmen, um sie in der katholischen, apostolischen, römischen Kirche taufen oder firmen zu lassen – das alles bei exemplarischer Strafe […]

XXII. Wir verordnen, dass kein Unterschied gemacht werde in Ansehung der genannten Religion, wenn es gilt, Schüler in Universitäten, Kollegien und Schulen aufzunehmen […].

XXVII. Um Unsere Untertanen desto besser zu versöhnen, wie es Unsere Absicht ist, und um künftig allen Klagen vorzubeugen, erklären Wir, dass alle die, welche sich zur genannten angeblich reformierten Religion bekennen oder bekennen werden, fähig seien, innezuhaben und auszuüben alle öffentlichen Stellen, Würden, Ämter und Funktionen, seien sie königlich, herrschaftlich oder städtisch, in Unseren Königreich, Unseren Gebieten, Ländern und Herrschaften Unseres Machtbereichs […]

Zit. nach: Geschichte in Quellen, Band III (Renaissance, Glaubenskämpfe, Absolutismus), hrsg. von W. Lautemann, M. Schlenke, München 1966, S. 265 f.

2 In der vom Parlament abgeänderten Fassung fehlt das Verbot der Wiedertaufe.

12 Aufhebung des Ediktes von Nantes, 18. Oktober 1685

Jetzt endlich hat es Gott in seiner Gnade gefügt, dass Unsere Völker vollkommene Ruhe genießen dass Wir selbst, nicht mehr mit der Sorge beschäftigt, sie gegen Unsere Feinde zu schützen, diese Waffenruhe ausnutzen konnten, um mit ganzem Fleiße zu erforschen, wie Wir die Absicht Unseres Großvaters und Unseres Vaters zum guten Ende führen könnten. So sehen Wir nun mit dem gerechten Danke, den Wir Gott schuldig sind, dass Unsere Sorgen das vorgesteckte Ziel erreicht haben, da ja der bessere und größere Teil Unserer Untertanen von der besagten vorgeblich reformierten Religion die katholische angenommen hat. Weil deshalb die Ausführung des Ediktes von Nantes und alles dessen, was zugunsten der vorgeblich reformierten Religion angeordnet worden ist, den Nutzen verloren hat, so haben Wir geurteilt, dass Wir nichts Besseres tun können, als das besagte Edikt von Nantes vollständig aufzuheben.

1. [...] Und infolgedessen wollen Wir und gefällt es Uns, dass alle Kirchen derer von der besagten vorgeblich reformierten Religion unverzüglich zerstört werden.

2. Wir verbieten Unseren besagten Untertanen von der vorgeblich reformierten Religion, sich noch ferner zu versammeln, um den Gottesdienst nach der besagten Religion an irgendeinem Orte oder in einem Privathause, unter welchem Vorwande es auch sein könnte, zu halten.

3. Wir befehlen ernstlich allen Predigern der besagten vorgeblich reformierten Religion, die sich nicht bekehren und die katholische, apostolische und römische Religion annehmen wollen, vierzehn Tage nach der Veröffentlichung Unseres gegenwärtigen Ediktes Unser Königreich und die Länder Unserer Botmäßigkeit zu verlassen, bei Strafe der Galeeren.

4. Wir wollen, dass diejenigen der besagten Prediger, welche sich bekehren werden, fortfahren, während ihres Lebens, und nach ihrem Tode ihre Witwe, solange sie im Witwenstand bleiben, dieselbe Befreiung von Steuern und von Einquartierung zu genießen, die sie während der Ausübung ihres Amtes als Prediger genossen haben, und überdies wollen Wir den besagten Predigern zeitlebens ein Jahrgeld zahlen lassen, das um ein Drittel größer ist als die Einkünfte, die sie als Prediger bezogen [...]

8. Um Unserer Milde gegen die von der genannten vorgeblich reformierten Religion vollen Lauf zu lassen, die Unser Königreich, Unsere Länder und Herrschaften vor der Veröffentlichung Unseres gegenwärtigen Ediktes verlassen haben, so wollen und genehmigen Wir, dass, falls sie in Zeit von vier Monaten vom Tage der besagten Veröffentlichung an zurückkehren, alsdann ihnen freistehe und gestattet sei, wieder in den Besitz ihrer Güter einzutreten und ihrer gerade so zu genießen, als ob sie immer darin verblieben wären, dagegen die Güter derjenigen, die in dieser Zeit von vier Monaten nicht zurückkehren, eingezogen sein und bleiben sollen.

9. Wir verbieten ganz ausdrücklich und wiederholt allen Unseren Untertanen von der genannten vorgeblich reformierten Religion, ihnen, ihren Frauen und Kindern aus Unserem besagten Königreiche, den Ländern und Gebieten Unserer Botmäßigkeit auszuwandern oder ihre Güter und Besitztümer daraus zu entfernen, bei Strafe der Galeeren für die Männer und Einziehung von Leib und Gut für die Frauen.

Zit. nach: Geschichte in Quellen, Band III (Renaissance, Glaubenskämpfe, Absolutismus), hrsg. von W. Lautemann, M. Schlenke, München 1966, S. 454 f.

3 König Heinrich IV., 1589–1610
4 König Ludwig XIII., 1610–1643

13 Ansiedlung von Hugenotten im neu gegründeten Karlshafen durch den Landgrafen von Hessen-Kassel 1699

14 Auswirkungen des Edikts von Fontainebleau. Aus einer Denkschrift des Generalquartiermeisters Chamlay aus dem Jahre 1693

Die Partei der Hugenotten wurde anfangs in ihren einzelnen Mitgliedern getroffen, indem man ihre Privilegien minderte und ihnen Ehren und Ämter aberkannte sowie durch Zerstörung mehrerer Tempel und durch das Verbot verschiedener gottesdienstlicher Veranstaltungen auf Befehl der Parlamente. Als schließlich die Zeit gekommen schien, ihr den letzten Stoß zu versetzen, hob der König das berühmte Edikt [von Nantes] auf und verbot für alle Zeiten die Ausübung der angeblich reformierten Religion in seinem Königreich. Durch diese seine Erklärung wurden die Untertanen, die dieser Religionsgemeinschaft angehörten, lediglich zur Bekehrung eingeladen; einige Intendanten aber stellten dem König vor, die meisten Hugenotten in ihren Verwaltungsbezirken seien durchaus geneigt, die Religion zu wechseln, wenn man sie nur ein wenig durch den weltlichen Arm dazu anhalte. In ihrem Übereifer drangen sie heftig in den König, er möge Truppen in ihre Provinzen schicken, und der König, dem nichts mehr am Herzen lag als diese Bekehrung, ließ sich bestimmen, dem Vorschlag zu folgen und Truppen zu entsenden.

Kaum tauchten diese auf, als sich auch der Hugenotten in den genannten Provinzen größte Erregung bemächtigte. Ganze Gemeinden, d.h. Tausende von Menschen, unterschrieben die neue königliche Deklaration und das ihnen vorgelegte Glaubensbekenntnis, teils aus Furcht, teils unter dem Druck äußerer Gewalt, die man, um die Wahrheit zu sagen, an manchen Orten etwas zu weit trieb. [...]

Die Fortschritte der Bekehrung oder sagen wir der Veränderung hätten ganz zu dem erwarteten Ergebnis geführt, wenn man nicht aus Unachtsamkeit zwei große Fehler gemacht hätte. Der eine war, dass man den Pfarrern die Erlaubnis gab, das Königreich zu verlassen und sich ins Ausland zu begeben, von wo sie die Verbindung mit ihren früheren Gemeindegliedern aufrechterhielten und ihnen Hoffnung auf den Beistand und den Schutz der protestantischen Mächte erweckten. Damit flößten sie ihnen aufs Neue den Geist des Calvinismus ein und hielten sie ab, den soeben angenommenen katholischen Glauben nun auch praktisch auszuüben. Der andere Fehler bestand darin, dass man, statt im Anfang ein wenig Geduld mit den Neubekehrten zu haben und ihnen den Geist und die Glaubenslehren der katholischen Religion allmählich schmackhaft zu machen, ruhig zusah, wie die Geistlichen sie in unbesonnenem Eifer bedrängten und zu äußerlicher Ausübung der Religion nötigten.

Zit. nach: Geschichte in Quellen, Band III (Renaissance, Glaubenskämpfe, Absolutismus), hrsg. von W. Lautemann, M. Schlenke, München 1966, S. 459 f.

15 Etwa 40000 Hugenotten flohen nach Deutschland:

Brandenburg-Preußen	ca. 20000
Hessen-Kassel	ca. 3800
Rhein-Main-Gebiet	ca. 3400
Kurpfalz mit Zweibrücken	ca. 3400
Franken	ca. 3200
Württemberg	ca. 3000
Hansestädte	ca. 1500
Gebiet des heutigen Niedersachsen	ca. 1500

Basierend auf: http://www.hugenotten.de, Oktober 2005

16 Der „Große Kurfürst" Friedrich Wilhelm empfängt 1685 die Hugenotten in seinem Staat, Radierung von Daniel Chodowiecki (1726–1801)

Arbeitsvorschläge

1. Informieren Sie sich über die französischen Glaubenskriege, die im Edikt von Nantes 1598 ihren vorläufigen Abschluss fanden. Welche Zugeständnisse werden im Kompromiss 1598 an die Hugenotten gemacht?
2. Vergleichen Sie das Edikt von Nantes 1598 mit dem Edikt von Fontainebleau 1685. Wie begründet Ludwig XIV. seine Politik?
3. In Bad Karlshaften, das 1699 durch den Landgrafen Carl zur Aufnahme der Glaubensflüchtlinge aus Frankreich gegründet wurde, wird die Geschichte der Hugenotten dargestellt. (http://www.hugenottenmuseum.de) Bewerten Sie das museumspädagogisches Konzept und arbeiten Sie die Aktualitätsbezüge der Ausstellung heraus.
4. Welche Spuren können Sie heute noch von den Hugenotten in Deutschland feststellen?

Zeittafel: Das absolutistische Frankreich

1589–1610	Heinrich IV. aus dem Haus Bourbon (1610 ermordet)
1598	Edikt von Nantes beendet vorerst die französischen Glaubenskriege.
1608	Gründung der nordamerikanischen Kolonie Quebec
1610–1643	Ludwig XIII.
1624–1642	Richelieu bestimmt als Erster Kanzler die Staatsgeschäfte.
1628	Nach Eroberung der Festung La Rochelle wird der Widerstand des hugenottischen Adels durch die königliche Armee gebrochen.
1630er-Jahre	Einführung des Intendantensystems in der Provinzialverwaltung
1635–1648	Eingreifen in den Dreißigjährigen Krieg gegen Habsburg
1642	Nach dem Tod Ludwig XIII. übernimmt zunächst dessen Frau die Regentschaft für den noch minderjährigen Ludwig XIV. Mazarin wird neuer Erster Kanzler (bis 1661).
1648–1653	Im sog. „Fronde"-Aufstand rebellieren Teile des Provinzadels und der Pariser Bevölkerung gegen die königliche Zentralgewalt.
1661	Nach dem Tod Mazarins reklamiert Ludwig XIV. den Anspruch allein zu regieren.
1662	Beginn des Schlossbaus von Versailles. Der Komponist und Tänzer Jean-Baptiste Lully macht zunehmend Karriere am königlichen Hof.
1666	Gründung der Académie des Sciences
1667/68	Krieg gegen Spanien um Brabant
1669	Wiederaufnahme der Hugenottenverfolgung
1670	Besetzung Lothringens
1672–1678	Krieg gegen Holland
1679–1683	Die sog. „Reunionskammern" ermöglichen den Anspruch Frankreichs auf zahlreiche lothringische und elsässische Territorien.
1670er-Jahre	Louvois als Heeres- und Colbert als Wirtschaftsminister führen tief greifende Reformen im Land durch.
1682	Erforschung und Erwerbung von Louisiana
1685	Aufhebung des Edikts von Nantes, Flucht und Vertreibung der Hugenotten
1688–1697	Pfälzischer Krieg, Verwüstung der Pfalz
1693/94	Teuerung und Wirtschaftskrise lassen die Verelendung großer Teile der Landbevölkerung voranschreiten.
1701–1714	Spanischer Erbfolgekrieg
1702–1710	Im sog. Camisards-Aufstand erheben sich Bauern in den Cevennen.
1709/10	Hungersnot und zahlreiche Unruhen
1715	Tod Ludwigs XIV.
1715–1774	Ludwig XV.

2 Königtum und Parlament in England

2.1 Monarchie und Parlament (1625–1640)

Als Karl I. am 27. März 1625 seinem Vater Jakob I. (1566/1603–1625) auf den englischen Thron folgte, deutete nichts darauf hin, dass er 24 Jahre später auf dem Schafott enden würde. Schon Jakob hatte immer wieder Auseinandersetzungen mit dem Parlament gehabt, man kam jedoch auch immer wieder zu Kompromissen und Lösungen, die eine Eskalation der Situation verhinderten. Wieso kam es zur Zeit Karls zur Eskalation der Machtkämpfe?
Nichts unterschied die Situation in England grundsätzlich von der auf dem Kontinent. Zwar fehlten hier zwei Elemente, die für die Ausprägung des frühmodernen Staates charakteristisch waren: das stehende Heer, das die nur temporär bestehenden Söldnerheere abgelöst hatte und die zentralisierte Bürokratie, wie sie z. B. auch Kurfürst Ernst August von Hannover (1629–1698) in seinen Landen förderte. Dort entwickelte sich ein Beamtenapparat, dem die hannoverschen Herrscher getrost die Regierung des Territoriums überlassen konnten, als sie 1714 selbst den mittlerweile britisch zu nennenden Thron bestiegen, wo sie, anders als in Hannover, sich in die wechselseitigen Abhängigkeiten von „King, ▶Lords and ▶Commons" einfügen mussten. Doch diese Situation ist der Schlusspunkt der Entwicklung, die es hier nachzuzeichnen gilt.

Die Krone

Weder der englische König Karl I. noch Ernst August von Hannover, auch nicht der „Sonnenkönig" Ludwig XIV., regierten so unumschränkt wie es das Wort „absolut" nahe legt. Die kontinentalen Herrscher waren auf die Zusammenarbeit mit den Ständen angewiesen, so wie die englischen Monarchen das Parlament zur Gesetzgebung und zur Steuerbewilligung heranziehen mussten. Dies war das klassische Konfliktfeld in allen europäischen frühneuzeitlichen Staaten. Aber in einem wichtigen Punkt unterschied sich England von seinen kontinentalen Nachbarn: Die Abgeordneten des englischen Unterhauses, dessen Gründungsjahr mit 1265 angegeben wird, wurden spätestens seit der ersten Hälfte des 15. Jahrhunderts nach einem Zensusverfahren gewählt, auch wenn die Regierungsgewalt weiterhin beim König lag. Er war es, der das Parlament einberief. Er allein konnte es vertagen oder auflösen und nur er war befugt, Parlamentswahlen auszuschreiben. Wählern (ausschließlich grundbesitzende Männer), von denen zu befürchten stand, dass sie nicht im Sinne des Königs abstimmten, konnte er das Wahlrecht entziehen und es war ihm möglich, Abgeordnete, die Opposition betrieben, nach der Sitzungsperiode zu bestrafen. Doch auch in die laufenden Parlamentsgeschäfte konnte er sich einmischen. Zwar wurden die Gesetze im Parlament beschlossen, doch sie waren nicht gültig ohne Zustimmung des Königs, der missliebige Gesetze zudem außer Kraft setzen konnte oder Individuen aus dem Geltungsbereich einzelner Gesetze herausnehmen konnte. Schließlich bestimmte der König zwar die Außenpolitik und er war der Oberbefehlshaber der Streitkräfte. Doch entschloss er sich, einen Krieg zu führen, war wieder das Parlament am Zug, um die notwendigen Mittel zu bewilligen.

1 König Karl I., Gemälde nach Anthonis van Dyck (1599–1641)

Das Recht

Es hatten sich seit dem Mittelalter zwei konkurrierende Rechtssysteme in England herausgebildet. Neben der Rechtssprechung, die auf römischen Recht beruhte, gab es das „Common Law", eine im Mittelalter entstandene spezielle englische Form des Rechts, die auf dem Prinzip der Präzedenzfälle beruhte, d. h. es entstand eine Reihe grundlegender Gesetze, angefangen mit der „Magna Charta" (1215), die auf bestimmte Ereignisse oder Situationen zurückgehen. Diese freiheitlichen Gesetze, zusammengefasst unter dem Schlagwort ▶„ancient laws" waren, zumindest aus der Sicht des Parlamentes, älter als königliches Recht und konnten somit Vorrang vor königlichem Recht beanspruchen. Die Auseinandersetzung darüber, ob das Parlament vor dem Königtum da gewesen sei oder ob umgekehrt die Monarchie älter sei, zog sich durch das ganze 17. Jahrhundert. Es gelang den Parlamentariern, sich in der „Petition of Right" (1628), im ▶„Habeas Corpus Act" (1679) und in der „Bill of Rights" (1689) die Grundsätze dieser „ancient laws" vom König bestätigen zu lassen. Der Rückgriff auf diese Tradition einzelner Gesetze einerseits und die große konzeptionelle Uneinigkeit der Parlamentarier andererseits hat es mit sich gebracht, dass man sich nicht auf eine geschriebene Verfassung verständigen konnte, die es bis heute in England nicht gibt.

Die Finanzen

Geldmangel an sich war nichts Ungewöhnliches, für keinen Monarchen. Die Situation war jedoch für die seit 1603 in England regierende Dynastie der Stuarts

besonders bedenklich, weil das festgesetzte Einkommen des Hofes, das aus Zöllen, Abgaben und Einkünften aus Grundbesitz bestand, durch Inflation stark geschmälert wurde. Schon in elisabethanischer Zeit war es durch Entwicklungen in der Landwirtschaft, durch „enclosures", also Einzäunungen, zu einer Konzentration von Land gekommen, durch die auch soziale Verwerfungen entstanden waren, denen staatlicherseits begegnet werden musste. Verfolgte Elisabeth I. noch eine konsequente Sparpolitik, so entfalteten Jakob I. und dessen Nachfolger eine prächtige Hofhaltung. Dies zwang sie zu einer kreativen Finanzpolitik: Sie versuchten Geld einzunehmen, indem sie längst vergessene Feudalrechte wieder anwandten wie z. B. die Verwaltung der Güter unmündiger Erben. Sie steigerten die Zahl zu verkaufender Adelstitel beträchtlich und vermehrten den Verkauf von Handelsmonopolen an die erst jetzt, in dieser ersten Hälfte des 17. Jahrhunderts, nennenswert in die Neue Welt ausgreifenden englischen Kaufleute. Vor allem aber führten sie, unter Berufung auf ihr königliches Recht, neue Zölle und Abgaben ein, zum großen Missfallen des Parlamentes.
Um das Wohl seines Volkes sichern und schützen zu können, besaß der König eine allgemeine Handlungsvollmacht, das ▶ Prärogativrecht, welches das Parlament zwar anerkannte, aber klar umrissen sehen wollte. Denn es betrachtete sich als zweite und vom Volk legitimierte, weil gewählte Macht im Staat neben dem Monarchen und nicht diesem nachgeordnet. Das Pro und Contra wurde nicht nur in den jeweiligen Parlamenten immer wieder diskutiert, sondern auch in der Publizistik: Juristen, Gelehrte, Schriftsteller nahmen mit Büchern und Pamphleten an der Diskussion teil.

2 **Das Unterhaus** tagte seit 1547 in der St. Stephan's Kapelle. Die Sitzungen leitete ein vom Unterhaus gewählter, aber vom König besoldeter „Speaker".
Älteste bekannte Abbildung des Unterhauses, Stich von 1624

Staatstheoretische Grundlagen des Absolutismus und des Parlamentarismus

Einer von ihnen war der Jurist Edward Coke (1552–1634), der sich als vehementer Verteidiger der Rechte des Parlamentes hervortat. Er bezog einen Teil seines Wissens und seiner Argumentation aus der Cotton-Library, die der ebenfalls pro-parlamentarische Gelehrte Robert Cotton zusammengetragen und einer begrenzten Öffentlichkeit zugänglich gemacht hatte. Jakob II. sollte sie während der Auseinandersetzungen um seinen Thron so gefährlich erscheinen, dass er sie schließen ließ.
Jean Bodin (gest. 1596) ist einer der wichtigsten Autoren der frühneuzeitlichen Welt, der 1576 in seinen sechs Büchern von der Republik Reflexionen über die Verfasstheit des Staates anstellte. Sein Werk ist eine direkte Antwort auf drängende Fragen seiner Zeit, denn er lebte inmitten des französischen Bürgerkrieges, der einerseits eine Auseinandersetzung von Hugenotten, also Protestanten, und Katholiken, andererseits ein Kampf zwischen König und konkurrierenden Adelsparteien um die Macht im Staat war. Bereits Bodin unterschied zwischen dem Naturzustand, einem unorganisierten Zustand, in dem sich eine Gesellschaft befinden kann, und dem Zustand der Staatlichkeit, der bestimmten Regeln unterliegt. Im Naturzustand gilt das Recht des Stärkeren, deshalb muss die Macht im Staat notwendigerweise delegiert werden an einen, der befähigt ist, Kräfte zu zügeln und auszugleichen. Bodin setzt den Staat in Analogie zur Familie und sieht in der Gewalt des Vaters ein Vorbild für die Gewalt des Staatsoberhauptes.
Ähnlich negativ wie Bodin beurteilte der englische Philosoph Thomas Hobbes (1588–1679) den Naturzustand des Menschen. Er vertrat die Ansicht, dass der Egoismus die einzige Triebfeder menschlichen Handelns sei, daher sei ein nicht staatlich geregeltes Zusammenleben der Menschen ein Kampf aller gegen alle. Daher müsse ein Souverän, der mit absoluter Macht ausgestattet ist, die Menschen zum Frieden zwingen.
Robert Filmer (1588–1653), ein Royalist, der sich während des Bürgerkrieges mit verschiedenen politischen Traktaten für die Sache des Königs einsetzte, argumentierte ähnlich: Er sah die souveräne Macht im Staat beim König, von Gott gegeben so wie einem Vater, dem die Herrschaft in der Familie gegeben war. Das Parlament hatte für ihn nur beratende Funktion. Als Filmers „Patriarcha, or the Natural Power of Kings Asserted Against the Unnatural Liberty of the People" 1680 schließlich gedruckt wurde, provozierte es sofort eine Gegenschrift. Der englische Jurist und Naturwissenschaftler John Locke (1632–1704) hielt Filmer entgegen, dass es keine Gleichsetzung von natürlicher und politischer Ordnung geben könne, denn der erwachsene Mensch unterstünde nicht länger der Gewalt des Vaters. Der Mensch im Naturzustand handele nach dem Prinzip der Selbsterhaltung. Er erkennt eine Pflicht zur Selbsterhaltung, d. h. um sich ernähren, sich kleiden, sich schützen zu können, brauche der Mensch Eigentum. Eigentum nach Locke entsteht durch Arbeit und es ist schützenswert, weil es für die Selbsterhaltung notwendig ist. Im Naturzustand muss jeder Mensch sich und sein Eigentum selbst schützen, was sehr beschwerlich ist. Daher erhalten ein Individuum oder eine Gruppe von Menschen per Vertrag das Gewaltmonopol und

damit das Recht übertragen, Menschen, wo nötig auch mit Gewalt bis hin zur Tötung, daran zu hindern, das Eigentum der anderen zu bedrohen. Dieses Eigentum, so betont Locke, ist nicht nur materiell, sondern umfasst auch Leben, Freiheit und Besitz. Locke sieht bei der Ausübung der staatlichen Gewalt zwei Arme staatlichen Handels, die Legislative, die gesetzgebende Gewalt, und die Exekutive, die ausführende Gewalt. Damit entwarf er ein Modell, wie es gut 50 Jahre später der Philosoph Charles de Montesquieu (1689–1755) in Frankreich weiterentwickelte. Er fügte mit der Judikative einen dritten Zweig hinzu und hat damit die Gewaltenteilung so entworfen wie sie bis heute gültig ist.

Religion

Es war jedoch nicht nur die Frage nach der souveränen Macht im Staat, die zwischen dem König und dem Parlament stand. Karl war überdies, anders als sein Vater, mit einer Katholikin verheiratet, mit Henrietta Maria (1609–1669), der Tochter des französischen Königs Heinrich IV. und von Maria von Medici. Sie betonte ihre königlich-französische Abstammung und machte sich schon allein dadurch ihren Untertanen verdächtig, denn Frankreich war der größte politische und wirtschaftliche Konkurrent Englands in Europa und in den Kolonien. Mit dieser Haltung unterstützte sie ihren königlichen Gemahl in seiner tiefen Überzeugung von der Bedeutung des Gottesgnadentums, ausgeprägt in einem Maße, das ihm den Dialog mit dem parlamentarischen Gegner, so scheint es, fast unmöglich werden ließ. Und sie war, schlimmer noch, eine eifrige Katholikin. Die Ausübung des katholischen Glaubens war in England, endgültig seit den Tagen von Königin Elisabeth (1533–1603), verboten. Praktizierende katholische Priester wurden noch bis zum Ende des 17. Jahrhunderts hingerichtet. Henrietta Maria war zugestanden worden, eine eigene katholische Kapelle am Hof zu unterhalten, die aber von ihrer protestantischen Umgebung am Hof und im Land misstrauisch beäugt wurde.

Die Gefahr bestand, in den Augen der englischen Untertanen, darin, dass der König als Oberhaupt der anglikanischen Staatskirche Einfluss nehmen konnte auf Fragen des Glaubensinhalts und der Liturgie. Auch deutsche, protestantische Territorialfürsten waren als ▶Summepiscopus, wörtlich übersetzt als höchster Bischof, das Oberhaupt ihrer Landeskirche, doch diese Befugnisse fehlten ihnen. Es war die Machtfülle, die sich König Heinrich VIII. 1534 zugestanden hatte, als er sich zum „Supreme Head of the Church", zum Oberhaupt der englischen anglikanischen Staatskirche, gemacht hatte, um die Loslösung der englischen Kirche von Rom durchzusetzen. Heinrich VIII. (1491–1547), dem noch wenige Jahre zuvor (1521) wegen einer Streitschrift gegen Martin Luther vom Papst der Titel „Verteidiger des Glaubens" verliehen worden war (den seine Nachfolger bis heute tragen), konnte sich nie ganz mit der neue Lehre abfinden, die er politisch so geschickt einzusetzen wusste. Die inhaltlichen Veränderungen, die er in der neuen Staatskirche

3 Britisches Unterhaus, März 2005

durchsetzte, waren verhalten. Die anglikanische Liturgie hat bis heute starke Anklänge an den Katholizismus.
Die in den folgenden 50 Jahren schwierigen, oft gewalttätigen Auseinandersetzungen um die neue Kirche – der strenge, calvinistische Schwenk unter Heinrichs Nachfolger Edward VI. (1537–1553), die blutige Rekatholisierung unter Maria I. (1516–1558) und der sich anschließende, sich nur langsam etablierende Kompromiss des ▶„Elizabethan Settlements" – machten die Frage nach der „richtigen" Konfession zu einem Kontinuum in der englischen Gesellschaft. Anti-Katholizismus entwickelte sich in dieser zweiten Hälfte des 16. Jahrhunderts zu einer der wichtigsten Konstituanten englischer Identität und blieb es für weitere zwei Jahrhunderte. Wie auf dem europäischen Kontinent, wo der Dreißigjährige Krieg tobte, war auch der Bürgerkrieg in England in den 1640er-Jahren zu einem nicht geringen Teil ein Religionskrieg.
Die religiöse Frage blieb aber auch deshalb auf der Tagesordnung, weil eine große Gruppe innerhalb der Bevölkerung sich mit dem unter Elisabeth I. erzielten Kompromiss nicht zufrieden geben wollte. Diese protestantischen Abweichler von hochkirchlichen Vorstellungen, ▶„Dissenter" oder „Non-Konformisten", wie sie genannt wurden, waren Repressalien bis hin zu Verfolgungen ausgesetzt und sie waren nicht zum Staatsdienst zugelassen. Dazu zählte man z. B. die pazifistischen Quäker, Baptisten und die Puritaner.

Die Puritaner

Der Begriff Puritaner ist ein Spottname, der eine Reihe unterschiedlicher Glaubensgemeinschaften als „die Reinen" verunglimpft, die überwiegend der Mittel- und der Unterschicht zuzurechnen waren. Gemeinsam war ihnen, dass sie Calvinisten waren, Anhänger des Schweizer Reformators ▶Johannes Calvin (1509–1564), der sich u. a. durch seine Prädestinationslehre vom Luthertum und von der anglikanischen Lehre unterschied: Der Mensch sei, so Calvin, von Geburt an erwählt oder verdammt, ohne jedoch zu wissen, für welche Kategorie Gott ihn vorgesehen habe. Im 17. Jahrhundert demonstrierten die Puritaner die Zugehörigkeit zu den „Saints", den Heiligen, wie sie sich selbst nannten, durch ein gottgefälliges Leben, das seinen Ausdruck fand in strenger Askese und Ablehnung aller Vergnügen: Feste, Jahrmärkte, Sport, Theater waren in ihren Augen sündhaft. Die Puritaner widmeten sich stattdessen dem Gottesdienst, der häuslichen Bibellektüre und dem Gebet. Denn sie vertraten die Lehre vom allgemeinen Priestertum aller Gläubigen. Jeder Mensch sei in der Lage, die Bibel zu lesen und im Gebet mit Gott zu kommunizieren. Er brauchte dafür nicht die Vermittlung durch Priester und Heilige, die es nach anglikanischen und katholischen Vorstellungen gibt. Deshalb wollten „die Reinen" die, in ihren Augen, in der anglikanischen Kirche nur begonnene, aber noch nicht vollendete Reformation fortsetzen. Sie wollten die hierarchische, von oben nach unten strukturierte Bischofskirche (Bischöfe, so argumentierten sie, seien in der Bibel nicht zu finden) abschaffen und durch eine von unten, aus der einzelnen Gemeinde heraus strukturierte Kirche ersetzen. Dies war das Ziel der ▶Presbyterianer, die sich in Schottland mit ihren Vorstellungen hatten durchsetzen können: Die Gemeinde wurde von gewählten Ältestenräten, den ▶Presbyterien, geleitet, die sich dann auf regionaler und nationaler Ebene in Synoden trafen und berieten. Die nationale Gesamtsynode hatte weitgehende Weisungsbefugnis. Noch radikaler in ihren Ansichten war eine andere Gruppe der Puritaner, die Independenten, die später in Nordamerika als Kongregationalisten (Kongregation = Gemeinde) bezeichnet wurden. Sie waren der Meinung, dass jede Gemeinde nur für sich selbst verantwortlich sei. Sie lehnten jede Form weiterer Strukturisierung und damit Hierarchisierung ab. Diese Haltung beinhaltete eine große Toleranz gegenüber anderen protestantischen Vorstellungen, nicht jedoch gegenüber dem Katholizismus.

Irland und Schottland

Die katholische Konfession war das größte Unterscheidungsmerkmal, das Irland von England schied. Seit Heinrich VIII. war das Königreich Irland de facto eine englische Kolonie. Damit war es auch Spielplatz englischer Abenteurer, jüngerer Söhne, die keinen Besitz erbten und anderweitig ihr Glück suchen mussten, die hier reichlich Land fanden und in Besitz nahmen. Denn das Land war, in ihren Augen herrenlos, da es ja „nur" von Iren bewohnt. Die Iren waren ganz überwiegend katholisch und damit, nach Ansicht der Engländer, Heiden. Zwar waren beispielsweise auch die Franzosen in ihrer Mehrheit Katholiken, diese verfügten jedoch in der Wahrnehmung ihrer englischen Nachbarn über einen Zivilisationsbonus, die Iren betrachtete man als unzivilisiert. Nun konnte aber, so besagte es eine zeitgenössische Theorie, nur christianisiert werden, wer bereits zivilisiert war. Für die Iren schien es also keinen Ausweg zu geben aus diesem Dilemma, sie waren „Barbaren", deren Land man sich bedenkenlos aneignen konnte. Die hier gemachten Erfahrungen der Landnahme fanden später auch Anwendung beim Aufbau der englischen Kolonien in der Neuen Welt.
Anders verhielt es sich mit Schottland. Schottland war ein eigenständiges Königreich, das kleiner war als England, über weniger Ressourcen verfügte und sich über die Jahrhunderte englischer Angriffe erwehren musste. Als Einfallstor nach England war es ein willkommener Verbündeter der Rivalen Englands, d. h. vor allem Frankreichs, was zuletzt seinen Ausdruck fand in der Heirat der schottischen, katholischen Prinzessin Maria Stuart (1542–1587) mit dem französischen Thronfolger Franz im Jahr 1558. Ihr Sohn (aus zweiter Ehe) war es, der als Jakob I. beide Königreiche in ▶Personalunion verbinden konnte. In Schottland hatte sich schließlich, trotz der ursprünglichen Katholizität des Herrscherhauses, der Protestantismus durchgesetzt und Jakob war, im Hinblick auf die bevorstehende englische Thronfolge, protestantisch erzogen worden. Der einflussreiche schottische Reformator John Knox konnte indessen sein Modell der Kirchenverfassung in Schottland durchsetzen. Knox war ▶Presbyterianer und die schottische Kirk unterschied sich wesentlich von der englischen anglikanischen Staatskirche. Der Kampf um die richtige Kirchenverfassung wurde zu einem wichtigen Bestandteil des späteren Bürgerkrieges.

2.2 Eskalation, Bürgerkrieg und Hinrichtung

Der Ausgangspunkt der Auseinandersetzungen, die schließlich zum Bürgerkrieg führten, lag zunächst in England. Karl, der deutlich weniger diplomatisches Geschick besaß als sein Vater, trat dem Parlament gegenüber herrisch und ungeduldig auf. Das Parlament quittierte diesen königlichen Hochmut, indem es 1625 das ▶Pfund- und Tonnengeld, eine Steuer, die normalerweise bedenkenlos für die gesamte Regierungszeit eines Monarchen gewährt wurde, auf ein Jahr beschränkte. Sofort löste der König das Parlament auf und erhob die Steuer selbst, ungeachtet der fehlenden parlamentarischen Zustimmung. Der Vorgang wiederholte sich schon ein Jahr später, als das Unterhaus das ihm zur Verfügung stehende Mittel ergriff und ein Impeachment-Verfahren, gegen den engsten Berater und Freund des Königs, den Herzog von Buckingham (1592–1628), anstrengte, d.h. es erhob Anklage wegen Amtsmissbrauch. Karl löste das Parlament auf, der Ankläger aus dem Unterhaus, John Eliot (1592–1632), wurde in den Tower geworfen. Um mehr Geld einzunehmen, erhob Karl Zwangsanleihen. Fünf Mitglieder des niederen Landadels, der ▶Gentry, weigerten sich jedoch zu zahlen. Sie wurden daraufhin verhaftet, obwohl das aus dem 13. Jahrhundert stammende Habeas-Corpus-Gesetz besagte, dass niemand ohne Nennung von Gründen inhaftiert werden durfte.

Petition of Right

Trotz Zwangsanleihen war der König 1628 gezwungen, das dritte Parlament seiner Regierung einzuberufen. Die Abgeordneten schlugen einen Kompromiss vor, den der König eingehen musste: Sie bewilligten Geld gegen die Unterzeichnung der Petition des Rechts, die Karls Verstöße gegen tradierte, fundamentale Gesetze aufzählte. Sie besagte, dass keine Steuerbewilligung ohne Einverständnis des Parlamentes mehr möglich sein sollte, dass die Unverletzlichkeit der persönlichen Freiheit des Bürgers gewahrt werden müsse, dass es keine Inhaftierung ohne vorherige Angabe von Gründen mehr geben dürfe, was implizierte, dass auch der König und seine Beamten verpflichtet seien, sich an das geltende Gesetz zu halten. Was das Parlament für einen Vertrag hielt, betrachtete Karl als eine Absichtserklärung und kehrte schon bald ungerührt zu seiner bisherigen Regierungspraxis zurück. Nicht einmal ein Jahr nach der Petition of Right löste er im Frühjahr 1629 das Parlament erneut auf und regierte elf Jahre lang allein, ▶„eleven years tyranny" in den Augen vieler Untertanen.

Karls „personal rule" von 1629–1640

Das Finanzproblem bestand weiterhin, so dass Karl versuchen musste, neue Geldquellen aufzutun. Er erhob ein Schiffsgeld, dass bis dahin zur Finanzierung der Flotte in Kriegszeiten an den Küsten eingetrieben, nun auch im Frieden und im Binnenland gezahlt werden sollte. Es regte sich Widerstand. Einer der Wortführer der parlamentarischen Opposition, John Hampden (1594–1643), blieb das Geld schuldig und wurde dafür 1638 von einem Gericht unverhältnismäßig hart bestraft. Sein Fall war nur der bekannteste unter vielen, die Stimmung im Land wandte sich mehr und mehr gegen die königliche Verwaltung, noch nicht gegen den König selbst. Einem tradierten Topos gemäß glaubte man ihn lediglich umgeben von schlechten Beratern, die für die schlechte Politik verantwortlich zu machen seien.

Thomas Wentworth, Earl of Strafford und Erzbischof William Laud

Dazu gehörte Thomas Wentworth, Earl of Strafford (1593–1641), der eines der ersten prominenten Opfer der kompromisslosen Haltung Karls wurde. In einem klaren Justizmord unter Federführung des Abgeordneten John Pym (1584–1643) wurde er wegen Hochverrats vom Parlament zum Tode verurteilt und am 12. Mai 1641 unter dem Jubel der Londoner Bevölkerung hingerichtet. War hier neben der üblichen Sensationsgier der Menge auch ernsthafte Zustimmung zu der Politik zu erkennen, die sich gegen den König richtete?

Unbelehrbarer und hartnäckiger als der König selbst war William Laud (1573–1645), der Erzbischof von Canterbury und damit geistliches Oberhaupt der Anglikanischen Kirche. Er war ein enger Berater des Königs und ▶Arminianer. Er lehnte den strengen Calvinismus mitsamt der Prädestinationslehre ab und wollte die Predigt, ein zentrales Element in der calvinistischen Kirche, zurücknehmen, und die Bedeutung der Heiligen stärken. Die Puritaner wandten sich dagegen, denn sie sahen damit die Rekatholisierung der Kirche eingeleitet. Massiven Widerstand aber erntete Laud, als er 1637 versuchte, im Einvernehmen mit dem König, die Schotten zur Übernahme der englischen Bischofskirche zu zwingen. Er erreichte das Gegenteil, unter dem Druck von außen schlossen sich die Schotten zusammen. Es kommt zum ersten Bischofskrieg zwischen England und Schottland. 1643 wurde der Wille der Schotten, die Freiheit des Evangeliums zu wahren, im ▶Solemn League and Covenant schriftlich fixiert. Laud, uneinsichtig bis zum Schluss, wurde wegen Hochverrats angeklagt und 1645 durch das Parlament verurteilt und hingerichtet.

Erster Bischofskrieg

Karl hatte keine andere Wahl, er musste ein Parlament einberufen, um den Krieg gegen die Schotten zu finanzieren, aber nach drei Wochen löste er dieses sog. Kurze Parlament wieder auf. Die Parlamentarier hatten, nach elfjähriger Pause, den König u.a. wegen des Schiffsgeldes und seiner fortgesetzten Verstöße gegen die Petition of Right heftig kritisiert und verweigerten die Bewilligung der geforderten Finanzmittel. Die Schotten wehrten sich gegen Karls und Lauds Pläne einer Einführung der anglikanischen Kirchenverfassung in Schottland und überquerten 1640 (erneut) die englische Grenze. Die parlamentarische Opposition schlug sich auf ihre Seite, die Situation war angespannt. Es gelang ▶Lords und ▶Commons, den König zur Einberufung einer neuen parlamentarischen Sitzungsperiode zu zwingen, ein nie da gewesener Vorgang, gestützt dadurch, dass es der Gruppe um Pym immer wieder gelang, partielle Londoner Öffentlichkeiten zu mobilisieren, die mit Petitionen, Demonstrationen und auch Gewalt die Sache der Radikalen unterstützten, so wie auch schon bei der Verurteilung Straffords Druck von der Straße aufgebaut worden war.

Mit neuem Selbstbewusstsein konnten die Parlamentarier durchsetzen, dass die königlichen Gerichtshöfe abgeschafft wurden. Pfund-, Tonnen- und Schiffsgeld verschwanden. Im ▶„Trienial Act" von 1641 wurde festgelegt, dass das Parlament alle drei Jahre einberufen werden müsse und dass es nicht vor Ablauf von 40 Sitzungstagen aufgelöst werden dürfe. Für das gegenwärtige

2

1 England zur Zeit des Bürgerkrieges 1642–1649

Parlament konnte man sogar aushandeln, dass es nicht ohne seine eigene Zustimmung vertagt oder aufgelöst werden könne.

Grand Remonstrance

Die nächste Stufe der Eskalation begann im Herbst 1641 mit einem irischen Aufstand. In der Provinz Ulster hatten sich Tausende englischer und schottischer Protestanten angesiedelt, die jetzt von den Iren angegriffen und zum Teil ermordet wurden. Die Radikalen im Parlament, unter ihnen trat zum ersten Mal Oliver Cromwell (1599 – 1658) in Erscheinung, sahen darin eine Chance, ihren Einflussbereich auszuweiten. Der Mechanismus der Vorgänge war der altbekannte: Wenn ihm das Geld für die Niederschlagung der irischen Rebellion bewilligt werden sollte, so verlangte man vom König in den 204 Artikeln der sog. ▶„Grand Remonstrance", des großen Protestes, eine reumütige Selbstbezichtigung, das Eingeständnis seiner (vielen) Fehler. Vor allem aber forderte man die Abschaffung der den Radikalen verhassten Bischofskirche sowie den Oberbefehl über das Heer für das Parlament. Karl war allerdings nicht bereit diesen unglaublichen Eingriff in seine königlichen Rechte hinzunehmen. Anfang des Jahres 1642 drang er mit Soldaten in das Parlament ein, um die Anführer der Radikalen verhaften zu lassen. Diese aber waren gewarnt worden und der König musste unverrichteter Dinge wieder abziehen und hatte sich umsonst dieses Verfassungsbruchs schuldig gemacht, der ihn zwang, London zu verlassen. Er floh nach Oxford.

Nineteen Propositions

Das Parlament, unter Leitung von John Pym, hatte nach der Flucht des Königs sofort gehandelt: Man hatte die Bischöfe aus dem Oberhaus verjagt, eine große Zahl neuer Gesetze erlassen (Schließung aller Theater), Steuern und Abgaben erhoben, die höher waren als alles, was man dem König je zugestanden hatte. Das Geld wurde benötigt zum Aufbau einer Armee. Außerdem wurde ein Bündnis mit Schottland geschlossen, das mit der Aussicht auf die Einführung der ▶presbyterianischen Kirchenverfassung in England geködert wurde. Ein Verständigungsversuch mit dem König scheiterte im Juni 1642, als das Parlament einen neuen Forderungskatalog vorlegte, der mit ▶„Nineteen Propositions" überschrieben war. Das Parlament verlangte in diesen 19 Vorschlägen offiziell eine weit reichende Beteiligung an der Regierung und die Kontrolle der Finanzen. Es wollte nicht nur die Berater des Königs auswählen, sondern auch die Prinzenerzieher, die Richter, die Offiziere; es verlangte nichts weniger als den Übergang zu einem parlamentarischen Regierungssystem. In seiner ablehnenden Antwort warnte Karl vor einem Ungleichgewicht der Kräfte und zeichnete ein düsteres Bild einer Tyrannei des Parlamentes. Es kam keine Einigung zustande, der Krieg war unvermeidlich geworden.

Erste Phase des Bürgerkrieges

In der Tat hatte das Parlament durch seine Radikalität viele Sympathien verloren. Viele seiner ehemaligen Anhänger kämpften jetzt auf der royalistischen Seite. Grob genommen heißt es, dass die Kavaliere, also die Anhänger des Königs, gegen die Rundköpfe kämpften, die Radikalen, die aufgrund ihrer Haartracht so bezeichnet wurden. Die „Roundheads" gehörten eher der älteren Generation an, während die „Cavaliers", welche die Kämpfe zwischen Krone und Parlament in der frühen Stuartzeit nicht miterlebt hatten, eher dem König zuneigten. Der Riss der Parteien ging oft durch einzelne Familien. Doch lassen sich weitere genaue Zuschreibungen nicht vornehmen. Hochadel und ▶Gentry waren in beiden Lagern zu finden. Das finanzielle Zentrum des Landes hingegen, die City von London, unterstützte ganz überwiegend die Sache des Parlamentes. Anders die Kaufleute, denen der König zum Gelderwerb lukrative Handelsmonopole verkauft hatte; sie standen auf der Seite Karls. Einzelne Regionen versuchten gar, sich ganz aus der Sache herauszuhalten, um den Krieg aus ihrem Gebiet fernzuhalten.

Die Armee

Jede Partei versuchte ihre Anhänger zu den Waffen zu rufen und Kräfte zu mobilisieren, wo immer es ging. Die

2 Englische Briefmarke von 1982, die an den Bürgerkrieg erinnert

3 Oliver Cromwell
Gemälde von Robert Walker ca. 1649

Parlamentstruppen waren zunächst schlecht organisiert und entsprechend wenig erfolgreich. Das sollte sich ändern, als der aus dem niederen Adel stammende, radikale puritanische Abgeordnete und Independent, Oliver Cromwell sich der Reorganisation des Heeres annahm. Er hatte bereits eine schlagkräftige Truppe unter seinem Kommando, die „Ironsides" zusammengestellt. Diese integrierte er in das neu zu schaffende parlamentarische Gesamtheer, die ▶New Model Army, die sich allmählich zu einer machtvollen politischen Kraft im Staat entwickelte. Eine unvorstellbare Neuerung für diese Zeit war dort, dass nicht die bestehende soziale Hierarchie die Organisation bestimmte, sondern dass in Cromwells Heer nach Leistung befördert wurde. Es herrschte eiserne Disziplin in diesem Berufsheer, der Sold wurde, anders als bei der Gegenseite, pünktlich bezahlt, da die Parlamentarier weiterhin hohe Abgaben eintrieben: Pym ließ eine wöchentliche Kriegsabgabe im ganzen Königreich erheben und zog das Vermögen der Royalisten ein. Die Royalisten allerdings bedienten sich ihrerseits des parlamentarischen Vermögens soweit dieses in ihrem Machtbereich lag. Zusätzliche Schlagkraft entwickelte sich durch die Vorstellung, für die Sache Gottes zu kämpfen. Die so aufgestellte Streitmacht des Parlaments errang denn auch 1645 bei Naseby einen fulminanten Sieg über die königlichen Truppen, der die Kapitulation des Königs einleitete.

Radikalisierung und zweite Phase des Bürgerkrieges

Karl ergab sich nach der Niederlage von Naseby schließlich 1646 den Schotten, denn sein Plan war es, einen Keil zwischen Schottland und das englische Unterhaus zu treiben, welches im September 1643 im ▶„Solemn League and Covenant", in einem feierlichen Bündnis[1], den Schotten die Durchsetzung der Presbyterialverfassung in England feierlich zugesichert hatte. Mit der wachsenden Macht der Independenten im Parlament, die eine weit radikalere Vorstellung von einer Gemeindekirche hatten als die ▶Presbyterianer, wurde eben die Einlösung dieser Zusage immer unsicherer. Doch Karl war unwillig oder unfähig, die geforderten Zugeständnisse zu machen, die eine Ausweitung der schottischen „Kirk" auf England ermöglicht hätten, so dass man den König schon Anfang 1647 wieder der parlamentarischen Armee übergab. Als jedoch die befürchtete Radikalisierung des Parlamentes voranschritt, nahmen die Schotten im Dezember 1647 erneut Verhandlungen mit dem König auf, der mittlerweile sogar zu einer zeitlich begrenzten Anerkennung des ▶„Solemn League and Covenant" bereit war. Doch nach dem Aufflammen neuer Kampfhandlungen im Frühjahr 1648 kam es zu einem schnellen Sieg Cromwells über die schottische Armee bei Preston im August 1648. Schottland war damit endgültig besiegt und schied als Machtfaktor im Bürgerkrieg aus.

▶Putney Debaten

Dafür hatte sich die Armee des Parlamentes als dritte Macht im Staate etabliert. Karl stand wieder, wie schon ein Jahr zuvor, unter Hausarrest. Das Parlament hatte sich mit Hilfe seines Heeres gegen Karl durchsetzen können, nun wandte sich das Heer gegen das Parlament selbst. Nachdem der Krieg mit dem Sieg von Naseby vorbei zu sein schien, beschlossen die Parlamentarier, die ▶„New Model Army" aufzulösen. Die jedoch betrachtete sich nicht länger als Söldnerheer, mit dem nach Belieben zu verfahren war, sondern sah sich vom Parlament mit dem Auftrag versehen, die Rechte und Freiheiten des ganzen Volkes zu verteidigen. Im August 1647 marschierte die Armee in London ein und zwang endgültig alle gemäßigte Kräfte, die noch immer an eine Verständigung mit dem König geglaubt hatten, zum Rückzug. Mit den ▶„Heads of the Proposals" legte sie schließlich sogar einen eigenen Verfassungsentwurf vor, der das Zensuswahlrecht und ein parlamentarisches Regierungssystem vorsah. Im Oktober 1647 traf sich die Armeeführung in Putney an der Themse mit Teilen der Armee, deren Vorstellungen noch weit radikaler und für die Zeit ungewöhnlich waren, den ▶Levellers, um in großer Offenheit bestehende Positionen zu diskutieren, allerdings ohne Ergebnis.

Die Levellers und das Agreement of the people

Die ▶Levellers vertraten demokratische Prinzipien, die sie im ▶Agreement of the people vorgelegt hatten. Während die Armeeführung, allen voran Henry Ireton, Cromwells Schwiegersohn, Wahlrecht an Besitz binden wollte, weil er nur denjenigen politisches Verantwortungsgefühl zugestand, die durch diesen Besitz an den Staat gebunden waren, wollten die Leveller alle freien Männer, wenn auch nicht die Frauen, wählen lassen. John Lilburne (1614–1657) und Richard Overton (vor 1640–1662) forderten die Einberufung des Parlaments im Zweijahresrhythmus, Aufhebung der sozialen Schranken, Gleichheit vor dem Gesetz, religiöse Toleranz und die Abschaffung von Monarchie und Oberhaus. Ihre exterm-radikale

1 Das Wort Covenant erinnert an das alttestamentarische Bündnis Gottes mit den Menschen und lässt damit auch die puritanische Vorstellung erkennen, das – puritanische – England sei das Land des auserwählten Volkes.

Ausformung erfuhren sie in der Bewegung der Diggers (derer, die graben), die nur Eigentum anerkennen wollten, das mit den eigenen Händen erarbeitet worden war.

Das Ende

Alle Versuche, mit Karl zu einer letzten Verständigung zu kommen, waren gescheitert. Er zeigte sich trotz seiner Niederlage in gewohnter Weise borniert und vollständig uneinsichtig. Deshalb hatte das Parlament im Januar 1648 jegliche Kommunikation mit dem König abgebrochen. Doch nachdem im Frühjahr 1648 die Kampfhandlungen wieder aufgeflammt waren, gab es auch unter den Abgeordneten etliche, die endlich wieder Frieden und stabile Verhältnisse im Land herstellen wollten. Es hatte bereits neue royalistische Aufstände gegeben, aufgrund der Härte, mit der das Parlament das Land regierte. Um die politischen Optionen der Armee nicht zu gefährden und Karls Verurteilung zu sichern, verweigerte deshalb Oberst Pride mit seinen Truppen am 6. Dezember 1648 den Gemäßigten den Zutritt zum Parlament. ▶Pride's Purge (Reinigung) hatte aus dem Langen Parlament, das ursprünglich 1648 einberufen worden war, das ▶Rumpfparlament gemacht. „The Rump" bestellte ein Gericht und klagte Karl Stuart des Hochverrats an. Er wurde am 30. Januar 1649 vor seinem Palast von Whitehall mitten in London geköpft, vor ungläubigen und stummen Zuschauern: Die Tötung eines gesalbten Monarchen durch das Volk war ein unerhörter Vorgang und wurde an den Höfen im übrigen Europa mit Entsetzen aufgenommen.

4 **Oliver Cromwell** als der „Erretter" Englands, Druck von 1658. Begleitet von der Göttin des Ruhms, vertritt er die Verkörperung von Irrtum und Zwietracht.

2.3 Commonwealth und Protektorat (1650–1660)

Zwei Mächte waren aus dem Kräftemessen der vergangenen Jahre übrig geblieben, das Parlament und die Armee. Eine Woche nach der Hinrichtung schaffte das Parlament die Staatskirche ab und dann das Oberhaus, denn es sei unnütz und gefährlich. Die Monarchie hatte aufgehört zu existieren, im Mai 1649 proklamierte die Armee das Commonwealth, unzulänglich übersetzt mit Gemeinwesen. Sie etablierte die neue Regierung, die sie Staatsrat nannte, dem überwiegend Generäle angehörten. Allen voran Oliver Cromwell, aber auch u. a. Thomas Fairfax (1612–1671), Cromwells militärischer Weggefährte und Oberbefehlshaber des Parlamentsheeres im Bürgerkrieg sowie Arthur Haselrig (1601–1661) und Edmund Ludlow (1617–1692), zwei Armeeangehörige und radikale Parlamentarier. Der Rat hatte insgesamt 34 Mitglieder, vertrat also die Exekutive neben dem Einkammerparlament als Legislative mit ungefähr 200 Abgeordneten. Die Armee, die um 1650 zwischen 30 000 und 40 000 Mann umfasste, wurde im April 1653 durch das Parlament aufgelöst. Es war noch das ▶Rumpfparlament, das mittlerweile wieder einen Teil der durch Oberst Pride ausgeschlossenen, gemäßigten Abgeordneten in seine Reihen aufgenommen hatte.

„Parliament of Saints" – Cromwells gesellschaftliche und religiöse Vorstellungen

Cromwell ernannte die Angehörigen dieses ▶Parlaments der Heiligen, nach einem seiner Mitglieder auch Barebone's Parliament genannt. Es bestand ein gutes halbes Jahr, von Juli bis Dezember 1653, und stellte den Versuch dar, mit einer handverlesenen Gruppe von 140 untadeligen, züchtigen und gläubigen Männern, den Staat und Gesellschaft nach ihrem Verständnis der Bibel umzuformen. Sie waren von einzelnen Kirchengemein den vorgeschlagen worden und während alle bisherigen Parlamente letztlich immer nur mehr oder weniger große Teile der Oberschicht, des Adels, der ▶Gentry, der vermögenden Kaufleute vertreten hatten, saßen hier 1653 zum ersten Male ▶Commons im Parlament, unter ihnen viele ▶Levellers. Sie führten zwar z. B. die Zivilehe ein, aber beschäftigen sich ansonsten überwiegend mit lang anhaltenden Grundsatzdebatten. Leveller-Ideen kamen hier schließlich zum Tragen, als die Abgeordneten beschlossen, den Kirchenzehnt aufzuheben und sich damit anschickten, bestehende gesellschaftliche Verhältnisse in Form von Eigentumsfragen grundsätzlich in Frage zu stellen. Das ging Cromwell zu weit und er löste das Parlament auf. Zwar setzte er die Abschaffung der Folter durch, es galt die Gleichheit vor dem Gesetz, die zum Forderungskatalog gehörte, den man Karl vorgelegt hatte. Er schaffte die, unter Karl verhassten, Handelsmonopole ab, die nur wenigen zugute kamen und er investierte in die Bildung. Aber an einer Auflösung der Ständegesellschaft war er nicht interessiert. Damit entsprach er durchaus den Vorstellungen der meisten seiner Zeitgenossen. Bei den allermeisten stießen die Vorstellungen einiger extremer Leveller, der Digger, auf völliges Unverständnis. Sie hatten bereits bewiesen, wie ernst sie es mit ihren Vorstellungen meinten. Unter Führung von Gerrard Winstanley (1609 bis nach 1660), eines ihrer bekanntesten Anführers, hatten sie in Surrey begonnen, auf den Feldern des grundbesitzenden Adels, Land für sich und damit für die Allgemeinheit zu bestellen.
Anders in Fragen der Religion. Cromwell war ein überzeugter Anhänger des Toleranzgedankens, was keineswegs

selbstverständlich war im Zeitalter der Glaubenskriege. Er lehnte eine Staatskirche ab, befürwortete, die Bezeichnung Independent macht es deutlich, die Unabhängigkeit der einzelnen Gemeinde. Keine Glaubensrichtung solle sich über die andere erheben. Jeder Einzelne solle seinem Gewissen folgen, der sonntägliche Kirchenbesuch per Gesetz wurde folgerichtig abgeschafft. Diese Toleranz galt auch für Juden, die zum ersten Mal seit 300 Jahren wieder in England siedeln durften, aber sie galt nicht für Katholiken.

Irland und Schottland

Seine Haltung gegenüber dem Katholizismus machte Cromwell 1649 überdeutlich im Kampf gegen die irischen Aufständischen, die sich nach der Hinrichtung Karls I. erhoben hatten, in der Hoffnung, dass ein mögliches Machtvakuum ihnen Bewegungsspielraum verschaffen möge. Cromwell, beseelt von dem Gedanken, die von ihm als Gottes Willen erkannten Ziele durchzusetzen, ging mit äußerster Brutalität vor, unterstützt von einer fanatisierten Armee, die sich gleichermaßen als Werkzeug Gottes begriff. Im Herbst 1649 wurde die Zivilbevölkerung in Wexford und Drogheda niedergemetzelt, nachdem sich die Städte bereits ergeben hatten. Nach dem Massaker folgte eine mit großer Härte durchgeführte Kolonisierungsaktion, bei der v.a. protestantische Schotten in Irland angesiedelt wurden. Schottland war das nächste Ziel der Armee, denn die Schotten hatten sofort nach dem Tod Karls I. seinen Sohn als König anerkannt, der von Anfang an bereit war, den Covenant anzuerkennen. Karl II. landete in England, um seinen Anspruch auf den Thron durchzusetzen. Seine Ankunft löste aber nicht den erwarteten royalistischen Aufstand aus. Die Aktion misslang, Karl II. musste fliehen und lebte für die Zeit der Republik im niederländischen Exil. Schottland wurde erneut von Cromwell besiegt und zur Vereinigung mit England gezwungen.

Krieg mit den Niederlanden und mit Spanien

Dies war aber nicht das Ende der außenpolitischen Konflikte. Die Niederlande waren das Ziel der 1651 erlassenen Navigationsakte. Sie besagte, dass koloniale Güter nur noch auf englischen Schiffen nach England transportiert werden durften, um so den niederländischen Zwischenhandel auszuschalten. Die wirtschaftlich führende, koloniale Großmacht der Generalstaaten, wie der zeitgenössische Begriff lautete, ließ sich dies erwartungsgemäß nicht bieten. Es kam 1652 zum Krieg, der 1654 mit dem Frieden von Westminster endete, ohne dass der Handelsrivale sichtlich geschwächt werden konnte.
Das Gesetz richtete sich aber durchaus auch gegen die eigenen Kolonien, namentlich Virginia und Barbados, um diese entfernten Teile des Reiches auf proparlamentarischen Kurs zu bringen. Karibischer Zucker und Virginia-Tabak waren ein lukratives Geschäft, das aber überwiegend von den Holländern betrieben wurde und das die englischen Kaufleute gern selbst übernehmen wollten.
Der sich anschließende Krieg gegen den katholischen Dauerfeind Spanien war nominell eine ideologische Schlacht. Aber er war auch ein Kolonialkrieg, der sich v.a. gegen Spanisch-Amerika richtete. Es gelang 1655 die Eroberung von Jamaika, das sich bald zu einer erfolgreichen Zucker-Kolonie entwickelte. Ein Cromwell'sches Erbe, das Karl II. gerne antrat, und der sich mit der Gründung der Royal African Company 1672 für die Versorgung der menschenschinderischen Plantagenwirtschaft mit Sklaven engagierte. Denn obwohl im Innern ein vollständiger Bruch mit den bestehenden politischen Verhältnissen stattgefunden hatte, knüpfte Cromwell an die traditionelle expansive Außenpolitik seiner Vorgänger an.

Instrument of Government

Cromwell nutzte die bekannte politische Strategie, mit außenpolitischen Manövern von innenpolitischer Unzufriedenheit abzulenken. Die aktive Außenpolitik Cromwells wurde begrüßt nach den Jahren der Stagnation: Jakob I. war scharf dafür kritisiert worden, dass er sich aus dem auf Kontinent tobenden Dreißigjährigen Krieg, überwiegend aus Kostengründen, völlig herausgehalten hatte. Und dies, obwohl seine eigene Tochter Elisabeth mit einem der Protagonisten des Krieges, Friedrich von der Pfalz, verheiratet war und mehrfach um Hilfe nachgesucht hatte. Dennoch führte dies Manöver für Cromwell nur teilweise zum Erfolg. Die kriegerischen Expeditionen verschlangen

5 Cromwell löst das Parlament auf, zeitgenössische Darstellung, Cromwell (links vorne am Tisch); der Text in Höhe seiner Arme lautet auf Deutsch: „Hinaus, ihr Schurken, ihr habt lange genug gesessen!“
An den Seitenwänden des Saales steht geschrieben: „Dieses Haus ist zu vermieten“ (englisch rechts, holländisch links), es kann also für neue Zwecke genutzt werden, weil es als Parlamentssaal nicht mehr gebraucht wird.

6 Europa etwa zur Zeit 1740

Unmengen von Geld. Zwar konnte man ungehindert Krondomänen, Kirchengüter und royalistischen Besitz verkaufen. Trotzdem war es auch die Frage nach der Legitimität, die ihm zu schaffen machte. Das Protektorat, das 1653 mit dem ▶ Instrument of Government ins Leben gerufen wurde, empfanden viele Zeitgenossen als eine Militärdiktatur. Vom Armeerat verkündet als erste geschriebene Verfassung Englands, machte es Oliver Cromwell zum Staatschef, zum Lordprotektor auf Lebenszeit. Ein, de facto mit seinen Anhängern besetzter, gewählter Staatsrat, ebenfalls auf Lebenszeit, stand ihm zur Seite. Die Legislative wurde von einem Parlament ausgeübt, das auf drei Jahre gewählt werden sollte. Von seinen 460 Abgeordneten kamen erstmals je 30 aus Irland und Schottland. Es gewährte Gesetzte und bewilligte Steuern. Es konnte, und dies war der Pferdefuß, von Cromwell in eine Art Parlamentsferien geschickt werden. Tatsächlich löste er sein letztes Parlament von 1658, das eine nicht seinen Vorstellungen gemäße Politik vertrat, sogar mit Soldaten auf.

Das Ende

Die wahre Macht lag also bei Cromwell, der nicht angetreten war, sie zu missbrauchen. Die ihm 1657 angetragene Krone lehnte er ab. Doch die Unbedingtheit und Härte, mit der er seine Ziele verfolgte, stießen mehr und mehr auf Unmut in der Bevölkerung. Die große Vielfalt religiöser Gruppierungen, die sich durch Cromwells Toleranzpolitik im Land ausgebreitet hatte, tat ein Übriges, um Verunsicherung und Argwohn zu befördern. Die Radikalität z. B. der ▶ Fifth Monarchy Men, die sich zum Teil auch aus den ▶ Levellers und Diggers rekrutierten und die sich in Endzeitphantasien ergingen, weil sie das tausendjährige Reich Gottes kommen sahen, erschreckte Menschen, die unter dem gesetzlichen festgelegten Ziel einer Uniformität der Kirche aufgewachsen waren. Als Cromwell im September 1658 starb, war der Weg zurück zur Monarchie, immerhin die herrschende Staatsform im übrigen Europa (mit Ausnahme der Schweiz und der Niederlande), erstaunlich kurz. Cromwells Sohn und Nachfolger Richard erwies sich als unfähig, das Amt seines Vaters auszufüllen. Er selbst zog sich aus allen Amtsgeschäften zurück. Es gab Kräfte im Land, die rechtzeitig Kontakt mit Karl II. aufgenommen hatten. In seinem Exil in den Niederlanden veröffentlichte Karl im April 1660 die Deklaration von Breda, in der er allen Republikanern, mit Ausnahme der Mörder seines Vaters, Amnestie versprach. Im Mai des gleichen Jahres zog er unter großem Jubel der Bevölkerung in London ein.

2.4 Die Restauration

1 König Karl II. mit den neu angefertigten Insignien, die eine ungeheure Summe gekostet hatten. Die alten waren nach der Enthauptung Karls I. vernichtet worden. Gemälde von M. Wright (1617–1700)

In der englischen Literaturgeschichte ist die Restaurationsperiode die Zeit der überbordenden, frechen, freizügigen (auch sexuell freizügigen) Dramen. Die Schließung der Theater wird aufgehoben, die Gesellschaft holt nach, was in jahrelanger puritanischer Strenge unmöglich war. Die geheimen Tagebücher des Sekretärs der Admiralität, Samuel Pepys (sprich Pieps), geben uns ein sehr lebendiges Bild vom Leben in der Stadt London in den frühen 1660er-Jahren. Kunst und Kultur blühen auf und wurden gefördert, 1660/62 wurde die Royal Society gegründet, eine der bis heute wichtigsten gelehrten Gesellschaften in Europa, der u.a. auch der Philosoph John Locke angehörte. Man war gewillt, das Vergangene hinter sich zu lassen.

Clarendon Code

Ein Gesetz bestätigte bald nach der Ankunft Karls II. die in der Deklaration von Breda verkündete Absicht zur Amnestie. Das Gesetz war Teil einer ganzen Reihe weiterer Verordnungen, die zusammengefasst wurden unter der Bezeichnung ▶Clarendon Code. Einerseits wurden die vor der Republik bestehenden Verhältnisse wiederhergestellt, andererseits Entwicklungen der letzten 20 Jahre, die nicht rückgängig gemacht werden konnten, bestätigt. Enteigneter Besitz und konfiszierte Kron- und Kirchengüter wurden zurückerstattet, alle anderen Eigentumsverschiebungen, Verkäufe, die unter Druck zustande gekommen waren, blieben bestehen. Das Oberhaus wurde wieder eingerichtet, nicht aber der königliche Gerichtshof, die Sternkammer. Der Trienal Act von 1641 behielt seine Gültigkeit. Der König erhielt die alleinige militärische Kommandogewalt zurück, aber es wurde ihm untersagt, ein stehendes Heer in Friedenszeiten zu unterhalten, wie Cromwell es getan hatte. Alle, die nicht nachweislich Anglikaner waren, wurden von den Universitäten und von öffentlichen Ämtern ausgeschlossen. Die anglikanische Kirche wurde wiederhergestellt und alle Geistlichen, die sich weigerten, einen Eid auf die Kirche zu leisten und die die Benutzung des neuen „Common Prayer Book“ (im Wesentlichen das elisabethanische) verweigerten, wurden aus ihren Ämtern entfernt. Nonkonformistische Gottesdienste mit mehr als fünf Personen wurden verboten. Der Kirche wurde mit dem ▶„Licensing Act“ die Zensur über Druck- und Presseerzeugnisse zurückerstattet. Dieses Gesetz wurde 1695 nicht wieder parlamentarisch bestätigt und dieser Vorgang bescherte den Briten im 18. Jahrhundert, im deutlichen und politisch wirksamen Unterschied zum europäischen Kontinent, eine fast völlige Pressefreiheit.

Katholizismus

Karl II. war, wie sein Vater, mit einer Katholikin, Katharina von Braganza (1638–1705), verheiratet, nur mit dem Unterschied, dass auch ihm selbst eine Neigung zum „Papismus“ nachgesagt wurde. Tatsächlich trat er 1685 auf dem Sterbebett zum römischen Glauben über. Hatte man, vor allem puritanischerseits, das Ausbrechen der Pest 1665 noch für eine Strafe Gottes gehalten, die auf die Sünden der Engländer und des Hofes notwendigerweise folgen musste, so galt schon vielen das „Große Feuer“ von London, das im Jahr darauf ausbrach, als Ergebnis katholischer Verschwörung. Seit 1669 bekannte sich der Thronfolger, Jakob, Herzog von York, offiziell zum Katholizismus und die dergestalt immer wieder angeheizte anti-katholische Stimmung im Lande kulminierte in der Aufdeckung der – vermeintlichen – papistischen Verschwörung von 1678: Jesuiten hätten die Ermordung Karls II., die Inthronisation seines katholischen Bruders Jakob und Rekatholisierung Englands geplant. Dem folgte 1679 die „Exclusion Crisis“, der Versuch, Jakob von York per Gesetz von der Thronfolge auszuschließen (to exclude), was misslang. Erwähnenswert ist jedoch, dass sich im Zuge dieser Auseinandersetzungen, zum ersten Mal in Europa überhaupt, politische Parteien ausbildeten. Die Whigs auf der einen Seite, die damalige Oppositionspartei und Vorgängerin der heutigen liberaleren Parteien. Sie standen den ▶Dissenters nahe, insbesondere den Presbyterianern, traten für Toleranz und Naturrecht ein, was das Widerstandsrecht gegen König und Parlament einschloss. Auf der anderen Seite die Tories, Königstreue und Vertreter der Staatskirche, die die Identität von Kirche und Staat propagierten. Sie waren damit gegen Widerstand und für die unbedingte Wahrung des dynastischen Erbrechts, Vorläufer der jetzigen Konservativen.

Den Ereignissen vorausgegangen war ein Kräftemessen zwischen Karl II. und dem Parlament. Während der König den Effekt der strengen anti-katholischen Gesetze 1672 mit einem Toleranzangebot, das auch Katholiken begünstigt hätte, abmildern wollte, zwang ihn das Parlament im Jahr darauf, das Gesetz zurückzunehmen und setzte den Test Act dagegen: Katholiken war es nicht länger erlaubt, ein ziviles oder militärisches Amt innezuhaben. Der Herzog von York trat daraufhin von seinem Amt in der Admiralität zurück, er ging sogar vorübergehend ins Exil, doch nach dem Tod seines Bruders im

Februar 1685 wurde er als Jakob II. König von England. Der erste katholische König seit 132 Jahren und der letzte bis heute.

Außenpolitik
Die Macht des Parlamentes gegenüber Karl II. beruhte auf der bewährten Strategie: Geld gegen Gesetz. Der König brauchte Mittel zur Finanzierung des dritten englisch-holländischen Seekrieges (der zweite hatte 1664–1667 stattgefunden), den er überwiegend mit kolonialen Interessen begründete. Er engagierte sich zielbewusst in Übersee (er hatte 1663 Carolina gegründet), wo er stets, wie der Hase auf den Igel, auf die Holländer stieß. Sein Bruder eroberte 1664 Nieuw Amsterdam, das nach ihm New York benannt wird. Doch seine Außenpolitik war starken Schwankungen unterworfen: 1667 verbündete er sich mit den Niederländern und den Schweden gegen Frankreich. 1670 jedoch schloss Karl mit Ludwig XIV. von Frankreich den Geheimvertrag von Dover (dem weitere folgen sollten), der ihm enorme Hilfsgelder (Subsidien) in Aussicht stellte gegen das Versprechen Karls, bald einen Angriff auf die Niederlande zu unternehmen und überdies zum Katholizismus zu konvertieren. Die pro-französische Außenpolitik, die daraus resultierte, machte Karl erneut katholischer Sympathien verdächtig. Um diesem „Imageschaden“ entgegenzuwirken, genehmigte er 1677 die Heirat seiner Nichte Maria mit Wilhelm von Oranien.

Jakob II.
Jakob II. besaß nicht das politische Fingerspitzengefühle seines Bruders. Seine unerschütterliche Treue zum Katholizismus gab ihm die Überzeugung von der absoluten Richtigkeit seines Handelns ein. Er konnte letztlich nur Katholiken für vertrauenswürdig halten, weil Protestanten in seinen Augen gegen den Willen Gottes rebelliert hatten. Wie war dann ihre Loyalität gegenüber Gottes höchstem Diener im Staat, also ihm gegenüber, zu bewerten? Die Tatsache, dass ein nicht geringer Teil der Bevölkerung ihn angesichts seiner Katholizität von der Thronfolge ausschließen wollte, hinderte ihn keineswegs daran, in den kommenden Jahren die Politik der Toleranzerklärungen fortzusetzen (April 1687 und Mai 1688). Seine eigene Haltung war ohnehin von Toleranz geprägt. So kamen Katholiken und auch ▶Dissenter in den Staatsdienst, z. B. als Friedensrichter. Er selbst besetzte wichtige Ämter in Staat, Kirche und Armee mit Katholiken und schreckte schließlich sogar nicht davor zurück, einen heimlichen Katholiken zum Bischof von Oxford zu ernennen. Endgültig Anlass zur Sorge gab die Geburt seines Sohnes im Juni 1688, mit der die Etablierung einer katholischen Dynastie zu einer realen Gefahr zu werden drohte. Dies vereinte Whigs und Tories (die sich gerade als die treuesten Anhänger der Staatskirche ihrem König bisher in besonderer Weise verbunden gefühlt hatten) in der Opposition, um erneut Veränderungen der Regierung vorzunehmen.

2 Deckengemälde von William und Mary
Nach dem Sieg der englisch-niederländischen Flotte über die Franzosen bei La Hogue 1692, durch den eine französische Invasion verhindert werden kann, stiftet Queen Mary ein Krankenhaus und Invalidenheim in Greenwich für die Verwundeten dieser Schlacht.

2.5 Glorious Revolution

Die Ereignisse der Jahre 1688/89 wurden von den Zeitgenossen „Glorious Revolution" genannt, weil sie ohne Blutvergießen stattfanden. Eine Gruppe von sieben hochrangigen Männern aus Kirche und Staat schickte am 30. Juni 1688 ein Schreiben an Wilhelm von Oranien, mit dem sie bereits Kontakt aufgenommen hatten, um einen möglichen Thronwechsel herbeizuführen. Der dynastische Anspruch ließ sich über seine Frau, Maria, die Tochter Jakobs, herstellen. Er landete mit 20 000 Soldaten am 15. November 1688 an der Südküste Englands und marschierte auf London. Jakob, von seinen Untertanen verlassen, floh nach Frankreich, Wilhelm und Maria wurden König und Königin von England. Im Sommer 1690 versuchte Jakob noch einmal mit französischer Hilfe über Irland den Thron zurückzuerobern. In der Schlacht an der Boyne, nahe Dublin, traf er auf seinen Schwiegersohn und wurde vernichtend geschlagen. Der Jahrestag dieser Schlacht führt bis heute zu blutigen Auseinandersetzungen, wenn der irische protestantische Oranierorden diesen Sieg feiert.

„Bill of Rights"

Der Thronanspruch seiner Frau war auf Wilhelm ausgedehnt worden, denn er war der Hauptakteur in diesem Geschehen. Er war nicht der Prinzgemahl an ihrer Seite, sondern geht als König Wilhelm III. in die englische Geschichte ein und verband England und die Niederlande in ▶ Personalunion, so wie vorher die Stuarts England und Schottland miteinander verbunden hatten.

Auch wenn dieser Vorgang keine Revolution war, wie es die „whigghistischen" Geschichtsschreiber späterer Jahrhunderte propagierten, so war doch die Unterzeichnung der „Bill of Rights", die dem Königspaar vor seiner Thronbesteigung abverlangt worden war, von großer Bedeutung. Dieses Dokument machte England noch nicht zu einer parlamentarischen Monarchie, aber ein bedeutender Schritt auf dem Weg zu einer konstitutionellen Monarchie war getan. Die alten Rechte des Parlamentes, die ▶ „ancient laws", wurden bestätigt und die in der „Petition of Right" von 1628 erhobene Forderung, der König stehe nicht über dem Gesetz, sondern müsse sich gesetzeskonform verhalten, erneut bekräftigt. Der König berief zwar weiterhin das Parlament ein und löste es auf, konnte aber nicht länger Gesetze aufheben oder Gesetze individuell außer Kraft setzen. Die Bewilligung von Geldern war von nun an zweckgebunden und wurde genau kontrolliert. Der König berief die Richter, befehligte Heer und Flotte, wobei das stehende Heer in Friedenszeiten nicht erlaubt war. Er lenkte weiterhin die Regierungsgeschäfte, führte die Außenpolitik und er war das Oberhaupt der anglikanischen Kirche. Ende 1689 wurde den Dissenters, nicht den Katholiken, in einer Toleranzakte ein gewisser Freiraum zugestanden. Den Schotten wurde das Bestehen der Kirk zugesichert.

England und die Niederlande

Wilhelm von Oranien war nun nicht - nur - angetreten, um die englischen Werte von Religion, Freiheit und Eigentum (religion, liberty and property), wie die Schlagworte der Zeit lauteten, zu retten. Als Vorkämpfer der antifranzösischen Fraktion in Europa war ihm zugleich daran gelegen, die englischen Ressourcen für seinen Kampf gegen Ludwig XIV. zu mobilisieren. Die Niederlande waren unmittelbar bedroht von Ludwigs Expansionswille und allein nicht in der Lage, sich dagegen zu behaupten, sollte es zu einem Angriff kommen. Die profranzösische Politik der englischen Monarchen stellte eine zusätzliche Bedrohung dar. 1688 gelang es Wilhelm, den Spieß umzudrehen: Für die kommenden zwei Jahrhunderte wurde es eine Konstante der englischen und britischen Außenpolitik, Holland vor Frankreich und anderen rivalisierenden Großmächten zu schützen. Eingerahmt von dem in diesem Kontext entwickelten Konzept des Gleichgewichts in Europa (Balance of Power), war der Schutz der England gegenüberliegenden Küste von Bedeutung, die nämlich den Franzosen und mit ihnen den Nachfahren Jakobs II. als Aufmarschgebiet für eine Invasion Englands hätte dienen können.

3 Wilhelm und Maria von Oranien empfangen die englischen Königskronen, Kupferstich von 1790, Ausschnitt

4 Act of Settlement 1701

2.6 Act of Settlement und hannoversche Sukzession

Tatsächlich versuchten 1715 der Sohn und 1745 der Enkel des vertriebenen Stuart-Königs, ▶the old and the young pretender, in Schottland zu landen, um die Macht zurückzuerobern, was ihnen jedoch nicht gelang. Schottland war, nach der kurzen Zwangsvereinigung unter Cromwell, die in der Restaurationszeit wieder aufgehoben worden war, die offene Flanke Englands. 1707 wurde Schottland aber endgültig im Act of Union mit England zu einem Reich, „Großbritannien", zusammengeschlossen. Die Schotten, viele von ihnen traditionelle Anhänger ihrer Heimatdynastie, der Stuarts, konnten die hannoversche Thronfolge gefährden, die immer offener diskutiert wurde, seitdem Queen Mary bereits 1694 kinderlos verstorben war und keines der 15 Kinder ihrer Schwester und Thronfolgerin, Anna, zu überleben schien. Als 1697 der letzte Thronerbe aus dem Haus Stuart, der 17-jährige Sohn Annas, starb, war klar, dass etwas geschehen musste. Man hatte nicht umsonst die protestantische Erbfolge mit allen Mitteln verteidigt, um den Thron schließlich sang- und klanglos wieder auf legalem Wege an die Katholiken zurückfallen zu lassen. Unter Ausschluss von mehr als 50 katholischen Thronanwärtern legte das Parlament 1701 im Act of Settlement die Thronfolge des Hauses Hannover fest, die erste protestantische Familie, auf die man bei der Weiterverfolgung des Stammbaums gestoßen war. Sophie von Hannover, die Ehefrau des Kurfürsten Ernst August, war eine Tochter der Elisabeth Stuart, die Tochter Jakobs I. und Schwester Karls I. Sie selbst trat die Thronfolge allerdings nicht mehr an. Sie starb, 84-jährig, im August 1714, wenige Monate vor Queen Anne, die ihrem Schwager Wilhelm 1702 auf den Thron gefolgt war. Die Königin Anna starb im Herbst 1714 und der Kurfürst Georg Ludwig von Hannover wurde als Georg I. König von Großbritannien.

5 Aus einer Protestation des Unterhauses von 1621 an König Jakob I.

Die im Parlament versammelten Gemeinen [...] erheben die folgende Protestation: Dass die Freiheiten, Gerechtsame, Privilegien und Jurisdiktionen des Parlamentes das alte, unzweifelhafte Geburts- und Erbrecht der Untertanen von England sind, und dass die wichtigen und dringenden Angelegenheiten, die den König, den Staat, die Verteidigung des Königreiches und der Kirche von England, die Beobachtung der Gesetze und die Gesetzgebung, die Abstellung der täglich im Königreich vorkommenden Missgriffe und Beschwerden zu den eigentlichen Gegenständen und Angelegenheiten der der Beratung und Diskussion im Parlament gehören, und dass bei Behandlung dieser Angelegenheiten jedes Mitglied des Parlamentes von Rechts wegen Freiheit der Rede, Antragstellung, Verhandlung, Begründung und Beschlussfassung hat; dass die Gemeinen im Parlament die gleiche Freiheit und Befugnis haben, diese Angelegenheiten in der ihnen am geeignetsten erscheinenden Weise zu behandeln, und dass jedes Mitglied des genannten Hauses in gleicher Weise Sicherheit vor Anklage, Verhaftung und Behelligung [...] genießt hinsichtlich dessen, was er sagt, begründet oder erklärt bei Beratung der Gegenstände der Parlamentsverhandlungen.

Zit. nach: J.R. Tanner, Constitutional Documents of the Reign of James I. A.D. 1603–1625, London 2. Aufl. 1952, S. 288 f. Zit. nach: Geschichte in Quellen, Bd. III, Renaissance, Glaubenskämpfe, Absolutismus, bearb. von Fritz Dickmann, München 1966, S. 362 f.

6 Königliche Proklamation vom 7. Okt. 1626

Nachdem Wir, mit dem Rat unseres Privy Councils, beschlossen hatten, für die notwendige Verteidigung Unserer Ehre, unserer Religion und Königreiche, die Hilfe Unserer treuen und gehorsamen Untertanen in Form einer Anleihe zu beanspruchen, [...], hielten Wir es für angemessen, all Unseren gehorsamen Untertanen zu erklären, was Unser klares Ziel und Unsere königliche Absicht hierbei sind, dass, was immer die Anlässe sein mögen, für die allgemeine Sache von Religion und Staat und [...] für die allgemeine Verteidigung (klar ersichtlich für jedermann) [...], wenn Wir als König die Sache der Religion unterstützen sollen, Unsere Ehre bewahren, unser Volk verteidigen, unsere Königreiche sichern und unsere Alliierten unterstützen sollen, dann sind Wir daran gebunden durch die Souveränität, die Wir unter Gott über Euch ausüben.

Zit. nach: J. Larkin (Hg.), Stuart Royal Proclamations, Bd. 2, King Charles I, 1625–49, London 1983, S. 110 ff. Übers. F. Geyken.

7 Habeas Corpus, 1627

Nachdem Karl I. 1627 ohne Zustimmung des Parlamentes Abgaben erhoben hatte, weigerten sich führende Persönlichkeiten des Reiches, diese zu zahlen. Daraufhin ließ der König sie auf seinen besonderen Befehl und ohne Angaben von Gründen verhaften. Fünf von ihnen verlangten dem Gerichtshof King's Bench vorgeführt zu werden. Sie beriefen sich dabei auf die seit dem 13. Jahrhundert bestehenden Habeas Corpus-Erlasse, die besagen, dass ein Untertan der englischen Krone nicht ohne gerichtliche Untersuchung in Haft gehalten werden durfte und die eine Prüfung der Haftgründe verlangten.

Der Kronanwalt argumentierte vor Gericht folgendermaßen dagegen:

Es ist klar, dass die Verhaftung nicht auf gesetzlichen und ordentlichem Wege erfolgt ist, sondern „per speziale mandatum domini regis". Das schließt nicht nur den vollzogenen Akt ein, sondern auch die Tatsache, dass es sich um einen außerordentlichen, offenkundig von Seiner Majestät unmittelbar ausgehen Akt handelt, der seiner Willensmeinung entspricht, und die Frage erhebt sich, ob in solchem Fall die Verhafteten von diesem Gerichtshof gegen Bürgschaft freigelassen werden können [wie in anderen Fällen möglich] oder nicht. – Der König kann Euer Lordschaft oder irgendeinem anderen Gerichtshof nicht befehlen, anders als nach den Gesetzen dieses Königreiches zu verfahren, denn es gehört zu Eurer Lordschaft Eid, nach Maßgabe des Gesetzes Recht zu sprechen. Aber, Mylord, es ist ein grundsätzlicher Unterschied zwischen diesen gesetzlichen Weisungen und der absoluta potestas, die ein Souverän besitzt, kraft deren ein König seine Befehle erlässt. Wenn ich sie absoluta potestas nenne, so meine ich damit nicht, dass es sich um eine solche Gewalt handele, kraft deren ein König tun könne, was ihm gefällt. Denn er hat Normen, nach denen er sich zu richten hat, genau so gut wie Eure Lordschaften, die als Richter ihm untergeordnet sind. Alles Recht geht auf ihn zurück, und was er tut, tut er nicht als Privatmann, sondern als Oberhaupt des Gemeinwesens, als justiciarius regni, ja das Wesen der Gerechtigkeit auf Erden unter Gott verkörpert sich in ihm.

Zit. nach: Geschichte in Quellen, Bd. III, Renaissance, Glaubenskämpfe, Absolutismus, bearb. von Fritz Dickmann, München 1966, S. 363 f. Übers. F. Dickmann.

8 Protestation des Unterhauses vom 2. März 1629

1. Wer auch immer Neues in die Religion bringen will oder versucht Papismus oder Arminianismus oder andere, von der wahren und orthodoxen Kirche abweichende Haltungen auszuweiten oder einzuführen, der soll als ein Todfeind dieses Königreiches und Commonwealth bezeichnet werden.
2. Wer auch immer die Erhebung des Pfund- und Tonnengeldes befürwortet, die nicht vom Parlament gewährt wurde, [...] der soll als ein Todfeind dieses Königreiches und Commonwealth bezeichnet werden.

Zit. nach: S. R. Gardiner (Hg.), Constitutional Documents of the Puritan Revolution, London 1902, S. 82 ff. Übers. F. Geyken.

9 Antwort Karls I. vom 10. März 1629

Obwohl Fürsten nicht verpflichtet sind, Rechenschaft abzulegen für ihr Handeln, es sei denn vor Gott allein, so haben Wir es für gut befunden, für die Zufriedenheit Unserer treuen und gehorsamen Untertanen so viel zu erklären, dass vor der Welt die Wahrhaftigkeit und Aufrichtigkeit unserer Handlungen offenbar wird. [...] Während Wir uns bemüht haben um einen Ausgleich in Fragen von Religion und Kirche, waren Wir nicht achtlos gegenüber der Bewahrung der gerechten und historisch bedingten Freiheiten Unserer Untertanen, die Wir ihnen zugesichert haben in Unserer gnädigen Antwort auf die Petition [of Rights] im Parlament, die Wir seitdem in keinster Weise und in nichts verletzt haben. [...]

Es ist Uns nicht entgangen, wie viel das Haus [of Commons] in der letzten Jahren unternommen hat, um seine Privilegien auszudehnen, indem es allgemeine Kommissionen für die Religion, für die Gerichte, für den Handel usw. eingesetzt hat, etwas, das es so vorher nie gegeben hat. [...] Mit diesen Erneuerungen, (die Wir niemals wieder erlauben werden) gaben sie vor, Uns zu Diensten zu sein, aber die Tendenz war, auf diesem Wege alle Bereiche der Regierung zu durchbrechen und eine universelle, alles beherrschende Macht für sich selbst zu erlangen, die allein Uns gehört und nicht ihnen.

Zit. nach: C. M. Daniels, J. Morill (Hgg.), Charles I, Cambridge 1988, S. 31 f. Übers. F. Geyken.

10 Habeas Corpus-Akte, 1679

Erst 1679 wurde Habeas corpus endgültig gesetzlich festgelegt.

Da Sheriffs, Kerkermeister und andere Beamte, in deren Bewachung Untertanen des Königs wegen Verbrechen oder vermuteter Kriminaldelikte gegeben wurden, die Rücksendung von Habeas-Corpus-Schreiben, welche an sie gerichtet, waren, sehr hinhielten, dadurch dass sie ein Alias und Pluries Habeas Corpus und manchmal mehr ausstellten, und dadurch, dass sie durch andere Winkelzüge vermieden, solchen Schriftstücken Gehorsam zu leisten, wodurch viele Untertanen des Königs lange im Gefängnis gehalten wurden, und das in Fällen, wo sie gesetzlich auf Bürgschaft hätten freigelassen werden können [...], wird zur Verhütung desselben [...] als Gesetz erlassen, [...] dass, wann immer eine Person ein Habeas Corpus bringt, welches an einen Sheriff, Kerkermeister, Beamten oder an irgendeine andere Person gerichtet ist, für irgendeine Person in seinem oder ihrem Gewahrsam, so soll das Schreiben dem oben erwähnten Beamten übergeben [...] werden. Die Genannten [...] sollen innerhalb von drei Tagen nach Überbringung des Schriftstücks [...] zur Ermittlungsuntersuchung durch den Richter oder den Gerichtshof [...] herbeigeschafft werden [...] Diese so in Zwangshaft gehaltene Person soll man vor den Lordkanzler oder vorläufig den Lordsiegelbewahrer führen [...] Diese sollen dann die wahren Gründe seiner Haft ermitteln [...]

Zit. nach: Geschichte in Quellen, Bd. III, Renaissance, Glaubenskämpfe, Absolutismus, bearb. von Fritz Dickmann, München 1966, S. 492. Übers. B. Dombrowsky.

11 Jean Bodin, Über den Staat, 1583

Da die Erhaltung von Staaten und Völkern nächst Gott von guten Fürsten und klugen Statthaltern abhängt, ist es nur vernünftig, dass jeder sie unterstützt. [...] Die Haltung Machiavellis kommt einer Verachtung der heiligen Naturgesetze gleich, denen zufolge das Szepter den verschlagenen Fürsten entrissen und den guten und tugendhaften übergeben werden soll, und die weiterhin beinhalten, dass das Gute überall über das Böse siegt. Denn wie Gott über die Tiere, die Seele über den Körper, der Himmel über die Erde, die Vernunft über die Begierde, so soll der weniger zum Herrschen Fähige von dem regiert werden und dem Gehorsam schulden, der ihn schützen und erhalten kann. Wenn dagegen die Begierde der Vernunft entgegensteht, wenn ein Einzelner einem Magistrat oder dieser dem Fürsten nicht Gehorsam leistet, wenn die Fürsten sich gegen Gott auflehnen, dann erlebt man, dass Gott die Missstände rächt und sein ewiges, von ihm selbst eingerichtetes Gesetz zur bringt, indem er die König- und Kaiserreiche den weisesten und tugendhaftesten Fürsten überträgt [...] Daneben gibt es andere, die eine vielleicht weit gefährlichere Position vertreten. Unter dem Deckmantel der Lastenbefreiung und im Namen der Freiheit des Volkes stacheln sie die Untertanen zur Rebellion gegen die Fürsten an. Dadurch öffnen sie der ungezügelten Anarchie Tür und Tor, was schlimmer ist als die härteste Tyrannei der Welt.

Zit. nach: Jean Bodin, Über den Staat [Les six Livres de la Repvbliqve, Paris 1583], hrsg. von Gottfried Niedhart, Stuttgart 1987, S. 5 ff.

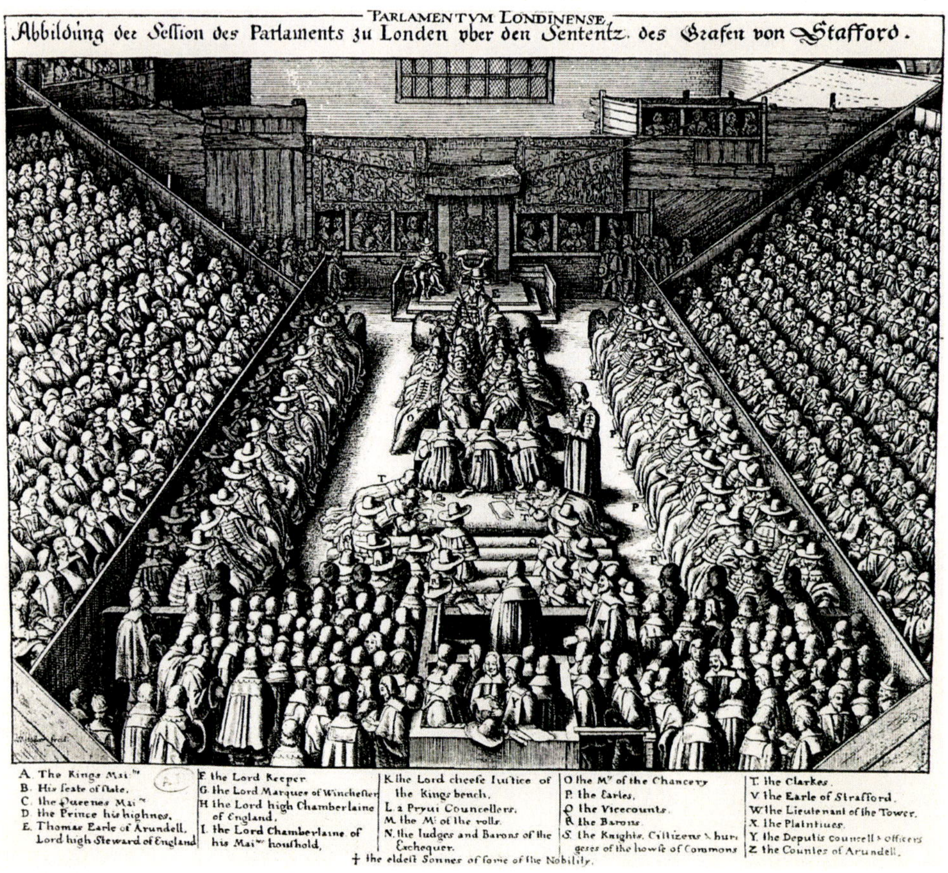

12 Anklage gegen Lord Strafford. Das Unterhaus verhandelt gegen Lord Strafford, der der Verletzung der Parlamentsrechte beschuldigt wird. Der Angeklagte kniet im Vordergrund. Bleistich von Wenceslaus Hollar (1607–1677), Bibliotheque des Arts Decoratifs, Paris

13 „**Liberty suspended**“, Karikatur von George Cruikshank 1817

14 Robert Sibthorpe, Apostolic Obedience, 1627

Sibthorpe (gest. 1662) war Priester der anglikanischen Kirche, der sich in seiner Schrift über den Gehorsam gegen das Widerstandsrecht der Untertanen ausspricht. Er wird dafür von Karl I. mit einem Amt belohnt, später allerdings vom Parlament angegriffen.

Untertanen sind an den Gehorsam gebunden durch die doppelte Verpflichtung von Gerechtigkeit und Notwendigkeit; es sei denn, sie wollen es hinnehmen, dass die allgemeinen Gesetze oder die Regierung einer Nation aufgehoben werden gemäß den besonderen Vorstellungen einer jeden Privatperson – welche Tolerierung von Ketzerei, Duldung von Irrtümern, welche Gefahr von Spaltungen in der Kirche und Parteiungen im Staat notwendigerweise daraus folgen muss, ist leicht vorstellbar.

Zit. nach: C.M. Daniels, J. Morill (Hg.), Charles I., Cambridge 1988, S. 21. Übers. F. Geyken.

15 John Milton, Über das Amt des Königs und des Fürsten, veröffentlicht in London im Feb. 1649

John Milton ist für uns heute eher eine Gestalt der Literaturgeschichte, doch er war eine eminent politische Persönlichkeit und hat als Zeitgenosse immer wieder mit Streitschriften auf die aktuelle politische Situation reagiert.

Niemand kann so dumm sein, zu bestreiten, dass alle Menschen natürlich frei geboren sind als Ebenbild Gottes und sie sind privilegiert allen Kreaturen gegenüber, geboren zu beherrschen und nicht zu gehorchen […]

Daher ist es offenkundig, dass die Macht von Königen und Fürsten nichts weiter ist als abgeleitet, ihnen vertrauensvoll übertragen und anvertraut vom Volk zum gemeinsamen Guten aller, bei denen die Macht liegt, die ihnen nicht genommen werden kann, es sei denn durch eine Verletzung ihres natürlichen Geburtsrechts. […]

Daraus folgt drittens, dass die Behauptung aufzustellen, Könige seien niemandem anders als Gott verantwortlich, eine völlige Verdrehung aller Gesetze und Regierung ist. Denn wenn sie sich weigern, Rechenschaft abzulegen, dann sind alle Bündnisse, die mit ihnen bei ihrer Krönung abgeschlossen wurden und alle Eide umsonst und der reinste Hohn, alle Gesetze, die sie geschworen haben, zu beachten, sinnlos. […]

Daraus folgt schließlich, da der König oder Fürst seine Autorität vom Volk erhält, ursprünglich und natürlicherweise zu dessen Wohl und nicht zu seinem eigenen, deshalb kann das Volk, so oft es dies für gut befindet, ihn entweder erwählen oder ihn abweisen, ihn im Amt halten oder ihn absetzen auch wenn er kein Tyrann ist, nur aufgrund der Freiheit und des Rechtes der frei Geborenen, die so regiert werden wie es ihnen am besten erscheint.

John Milton, The Tenure of Kings and magistrates, London, Feb. 1649, S. 121 ff. Zit. nach: Howard Erskine-Hill, Graham Storey (Hg.), Revolutionary Prose of the English Civil war, Cambridge 1983, S. 121. Übers. F. Geyken.

16 Thomas Hobbes, Leviathan, 1651

In seinem zweiten Teil, vom Gemeinwesen, schreibt er von der Freiheit der Untertanen.

Freiheit und Notwendigkeit sind miteinander vereinbar. Wie bei dem Wasser, das nicht nur die Freiheit hat, sondern für das auch die Notwendigkeit besteht, durch das Flussbett hinabzufließen, so ist es gleichermaßen bei den Willenshandlungen der Menschen: Weil diese aus dem Willen entspringen, entspringen sie aus der Freiheit; und da jeder menschliche Willensakt und jedes Verlangen und jede Neigung einer Ursache entspringen und diese einer anderen Ursache, in einer kontinuierlichen Kette (deren erstes Glied in der Hand Gottes als der ersten alle Ursachen besteht), entspringen sie dennoch aus Notwendigkeit. So würde jemandem, der die Verbindung dieser Ursachen sehen könnte, die Notwendigkeit aller menschlichen Willenshandlungen offenbar werden. Und Gott, der alle Dinge sieht und lenkt, sieht deshalb auch, dass die Freiheit der Menschen, nach ihrem Willen zu handeln, von der Notwendigkeit begleitet wird zu tun, was Gott will, nicht mehr und nicht weniger. [...] Aber wie die Menschen zur Erlangung des Friedens und zu ihrer eigenen Erhaltung einen künstlichen Menschen geschaffen haben, den wir Gemeinwesen nennen, so haben sie auch künstliche Ketten geschaffen, staatliche Gesetze genannt, welche sie durch gegenseitige Verträge an einem Ende an den Lippen jenes Mannes oder jener Versammlung befestigt haben, die von ihnen die souveräne Macht erhielt, und am anderen Ende an ihren eigenen Ohren. [...] Dennoch sollen wir daraus nicht entnehmen, dass durch solche Freiheit die Macht des Souveräns über Leben und Tod entweder abgeschafft oder begrenzt ist. Denn es ist schon dargelegt worden, dass nichts, was der souveräne Repräsentant unter irgendeinem Vorwand einem Untertan antun kann, im eigentlichen Sinne als Ungerechtigkeit oder Unrecht bezeichnet werden kann; denn jeder Untertan ist Urheber jeder Handlung des Souveräns, so dass diesem nie das Recht auf irgendetwas fehlt, abgesehen davon, dass er selbst der Untertan Gottes und zur Erhaltung der Naturgesetze verpflichtet ist.

Zit. nach: Thomas Hobbes, Leviathan, hrsg. von Hermann Klenner, Hamburg 1996, S. 178 ff., Übers. J. Schlösser.

17 John Locke, Über die Regierung/Two Treatises of Government

geschrieben während der Exclusion Crisis 1679–81, als man versuchte den katholischen Thronfolger Jakob von der Thronfolge auszuschließen.

4. Um politische Gewalt richtig zu verstehen und sie von ihrem Ursprung abzuleiten, müssen wir betrachten, in welchem Zustande sich die Menschen von Natur befinden. Dies ist ein Zustand völliger Freiheit, innerhalb der Grenzen des Naturrechts ihre Handlungen zu regeln, und über ihren Besitz und ihre Personen zu verfügen, wie sie es für am besten halten, ohne die Erlaubnis eines anderen zu fordern oder von seinem Willen abzuhängen.

[...]

7. Damit nun alle Menschen abgehalten werden, in die Rechte anderer einzugreifen und einander Böses zu tun, und damit das Naturrecht, welches den Frieden und die Erhaltung der ganzen Menschheit will, beobachtet werde, ist in jedem Zustande die Vollziehung des Naturrechts in jedermanns Hände gelegt, wodurch ein jeder berechtigt ist, die Übertreter jenes Rechtes in einem solchen Grade zu bestrafen, als erforderlich ist, Verletzung des Rechtes zu verhindern [...]

21. Die Vermeidung dieses Kriegszustandes [„aller gegen alle" nach Hobbes] ist ein wichtiger Grund gewesen, weshalb die Menschen, den Naturzustand verlassend, sich zu einer Gesellschaft vereinigt haben. [...]

89. So oft also eine Anzahl von Menschen sich so zu einer Gesellschaft vereinigt, dass jeder Einzelne seine exekutive Gewalt des Naturrechts aufgibt und zugunsten der Gemeinschaft darauf verzichtet, entsteht, und zwar nur dann allein, eine politische oder staatliche Gesellschaft. Dies versetzt die Menschen aus dem Naturzustand in den eines Gemeinwesens, indem sie einen Richter auf Erden einsetzen mit Autorität, alle Streitigkeiten zu entscheiden und Schädigungen zu sühnen, die einem Mitgliede des Gemeinwesens zugefügt werden, und dieser Richter ist die Legislative oder die durch sie ernannte Obrigkeit. Überall aber, wo mehrere Menschen eine solche entscheidende Gewalt, die sie anrufen könnten, nicht besitzen, befinden sie sich, so verbunden sie sonst auch sein mögen, noch im Naturzustande.

90. Dies beweist, dass die absolute Monarchie, die von machen Menschen als einzige Regierung in der Welt angesehen wird, mit staatlicher Gesellschaft in der Tat unverträglich ist und eine Form von staatlicher Regierung überhaupt nicht sein kann. [...]

91. Denn da man von ihm [dem Fürsten] annimmt, dass er alle Gewalt, die legislative und die exekutive, allein in sich selbst besitzt, so ist kein Richter zu finden, keine Berufung steht offen an jemand, der ehrlich, unparteiisch und mit Machtbefugnis entscheidet, und von dessen Entscheidung Hilfe und Befreiung von Unrecht und Schädigungen erwartet werden kann, die von Seiten des Fürsten oder auf seinen Befehl zu erdulden sind. [...]

155. Hier kann gefragt werden, was geschieht, wenn die Exekutive, im Besitz der Gewalt des Staates, von dieser Gewalt Gebrauch macht, um den Zusammentritt und die Tätigkeit der Legislative in Fällen zu hindern, wo die ursprüngliche Verfassung oder die öffentlichen Bedürfnisse es erfordern? Ich antworte: der Gebrauch der Gewalt gegen das Volk ohne Vollmacht und im Gegensatz zu dem Vertrauen, das in denjenigen gesetzt wurde, der so handelt, ist ein Kriegszustand dem Volk gegenüber [...] Unter allen Umständen und in allen Lagen ist das richtige Hilfsmittel gegen ungesetzliche Gewalt, ihr Gewalt entgegenzustellen.

Zit. nach: Geschichte in Quellen, Bd. III, Renaissance, Glaubenskämpfe, Absolutismus, bearb. von Fritz Dickmann, München 1966, S. 495 ff. Übers. H. Wilmanns.

18 Das „Buch vom Sport"

Das „Buch vom Sport" war ursprünglich 1618 von Jakob I. verfasst worden und wurde 1633 von Karl I. erneut veröffentlicht. Es spricht sich dafür aus, Sonntagsvergnügen zuzulassen, Sport und Jahrmärkte, die den Besuch des sonntäglichen Gottesdienstes nicht beeinträchtigen.

Unser lieber Vater seligen Angedenkens hat auf seiner Rückreise von Schottland, als er durch Lancashire kam, festgestellt, dass seine Untertanen an der Ausübung rechtmäßigen Sports am Sonntag nach dem Abendgebet und an Feiertagen gehindert wurden. Und so hat er sehr weise gedacht, dass wenn man ihnen diese Zeiten nähme, dann hätte die kleinen Leute, die die ganze Woche hart arbeiten würden, keinerlei Erholung mehr, um ihren Geist zu erfrischen. [...] Während wir auf unserem Weg durch Lancashire waren, tadelten wir einige Puritaner und solche Leute und gaben die Anweisung, dass dieses ungesetzliche Verhalten von nun an nicht länger von ihnen ausgeübt werden sollte, mit dem sie unsere guten Untertanen [...] bestrafen. Wir sind der Ansicht, dass es derzeit zwei Arten von Leuten gibt, die das Land infizieren (wir meinen Papisten und Puritaner), die unser wohlmeinendes Tun verleumden. [...]

Karl II. fügt an, dass das Volk nicht von seiner rechtmäßigen Betätigung, lawful recreation, abgehalten werden darf, als da wären:

Tanzen für Männer und Frauen, Bogenschießen für Männer, Springtanz, voltigieren oder andere so harmlose Dinge, wie auch Mai-Spiele, Pfingstbiere, Morrisdance oder das Aufstellen eines Maibaumes.

Charles I, The kings Maiesties Declaration to His Subiects, concerning lawfull Sports to be used, London 1618/1633, S. 3; 10f. Übers. F. Geyken.

19 Histrio Mastix, 1633

William Prynne, ein puritanischer Rechtsanwalt und eifriger Pamphletist, hatte wenige Monate vor der Neuauflage des Book of Sports eine leidenschaftliche Schrift, Histrio Mastix, veröffentlicht, die sich nicht nur gegen Veranstaltungen am Sonntag richtete, sondern auch gegen die städtische und die höfische Kultur zu Felde zog. Ein besonderer Dorn im Auge der Puritaner waren die Theater:

Histrio-mastix; Die Geißel und die Tragödie des Schauspielers, in zwei Teilen. Worin ausführlich bewiesen wird, durch verschiedenerlei Argumente, durch die entsprechenden Autoritäten diverser Texte der Bibel [...] dass beliebte Theaterstücke [...] sündhaft, heidnisch, unzüchtig, gottlose Schauspiele sind und äußerst verderbliche Zersetzung; schon immer in allen Zeitaltern als untragbares Übel für die Kirchen, Republiken, für die Sitten, den Geist und die Seele der Menschen, London 1633.

Aus der Widmung:

Da ich schon bei meiner ersten Ankunft hier in London, einige Stücke (durch die aufdringliche Belästigung einiger schlechter Bekannter, die mich mitgenommen haben, als ich noch neu hier war), gehört und gesehen habe, hat mich gleich solcherlei Schlechtigkeit und Lüsternheit dazu gebracht, seitdem alle Theaterstücke zu verabscheuen und habe seitdem die traurigen Folgen der schädlichen Früchte der Theater an einigen jungen Gentlemen in meiner Bekanntschaft beobachtet. Einige, die, obwohl sie ursprünglich sehr wohlerzogen und keusch waren, innerhalb eines halben Jahres so lasterhaft, verschwenderisch, unmäßig, geworden waren durch ihre Hinwendung zum Theater, wo Huren und lüsternes Gesindel sie verführt haben, dass nach vielen vergeblichen Versuchen ihrer herbeigesehnten Besserung, zwei von ihnen von ihren Eltern vollständig enterbt wurden. [...] Daraufhin habe ich beschlossen (aus dem Wunsch heraus für das öffentliche Wohl zu arbeiten), dass ich dieses, das allgemeine Laster schürende Böse bekämpfen werde.

William Prynne, Histrio-mastix, London 1633, Widmung, unpaginiert. Übers. F. Geyken.

20 Grand Remonstrance, 1641

Es ist ein Katalog der Misswirtschaft des Königs seit dem Regierungsantritt Karls I. im Jahr 1625 (98 Artikel), eine Liste der Lösungsvorschläge des Parlaments (65 Artikel) und eine weitere Liste mit den Aufgaben, die noch zu lösen sind (41 Artikel). Sie wurde dem König präsentiert am 1. Dez. 1641.

Die Wurzel all diesen Unglücks finden wir in dem bösartigen und verderblichen Plan, die fundamentalen Gesetze und Prinzipien der Regierung, auf welchen die Religion und die Gerechtigkeit dieses Königreiches fest sich gründet, zu untergraben. Die Ausführenden und Förderer dieses Plans sind: 1. Die jesuitischen Papisten, die alle Gesetze hassen als Hindernisse auf dem Weg zum Wechsel und der Unterwerfung der Religion, die sie so sehr herbeisehnen. 2. Die Bischöfe und der korrupte Teil des Klerus, welche die Äußerlichkeit und den Aberglauben schätzen als die natürlichen Auswirkungen, mehr noch als Unterstützung ihrer eigenen Tyrannei in der Kirche. 3. Solche Ratgeber [des Königs] und Höflinge, die sich für die Interessen einiger fremder Prinzen oder Staaten eingesetzt haben, um damit private Ziele zu verfolgen.

Zit. nach: C.M. Daniels, J. Morill (Hg.), Charles I, Cambridge 1988, S. 103f. Übers. F. Geyken.

21 Die Nineteen Propositions, 1642

19 Vorschläge des Parlamentes an den König vom 1. Juni 1642. Dieser Forderungskatalog ist die erste Beschreibung eines parlamentarischen Systems, wie es sich die Mehrheit der Abgeordneten vorstellt.

1. Die Lords und sonstigen Mitglieder des Privy Council Eurer Majestät und die hohen Beamten und Staatsminister im Mutterland und in Übersee sollen aus dem Privy Council und aus ihren Ämtern und Stellungen entfernt werden mit Ausnahme derer, die von beiden Häusern des Parlamentes bestätigt werden. Alle, die an ihre Stelle treten, bedürfen gleichfalls der Bestätigung durch beide Häuser des Parlamentes. [...]

2. Die großen Angelegenheiten des Königreiches dürfen nicht nach dem Rat privater, unbekannter und unvereidigter Ratgeber verhandelt und beschlossen werden, sondern alle Gegenstände, die die Öffentlichkeit angehen und sich für den Hohen Gerichtshof des Parlamentes, Eurer Majestät größtem und höchstem Rat, eignen, dürfen nur im Parlament erörtert, verhandelt und beschlossen werden, und nicht anderswo [...]

6. Die Gesetze gegen Jesuiten, Priester und papistische Rekusanten (Geistliche, die den Eid auf die Anglikanische Kirche verweigern) sind strikt durchzuführen. [...]

8. Eure Majestät wolle einer Reform der Kirchenverfassung und der Liturgie gemäß dem Rat beider Häuser des Parlamentes zustimmen.

Zit. nach: Geschichte in Quellen, Bd. III, Renaissance, Glaubenskämpfe, Absolutismus, bearb. von Fritz Dickmann, München 1966, S. 376. Übers. F. Dickmann.

22 Die Antwort des Königs auf die Nineteen propositions vom 18. Juni 1642

Weil es drei Formen der Regierung unter den Menschen gibt, die absolute Monarchie, die Aristokratie und die Demokratie, und da alle diese Formen ihre besonderen Vor- und Nachteile haben, so haben die Erfahrung und die Weisheit eurer Vorfahren daraus eine gemischte Form gegossen, die diesem Königreich die Vorteile aller drei ohne die Nachteile jeder einzelnen verschafft, solange das Gleichgewicht zwischen den drei Instanzen besteht und sie gemeinsam, aber jede in ihrem eigenen Kanal sich fortbewegt, [...] Die Entartung der absoluten Monarchie ist Tyrannei, die der Aristokratie Parteigeist und Zwietracht, die der Demokratie sind Tumulte, Gewalt und Zügellosigkeit. Der Vorteil der Monarchie ist die Einigung einer Nation unter einem Oberhaupt, um der Invasion von außen und dem Aufstand im Innern zu widerstehen; der Gewinn

der Aristokratie ist das Zusammenwirken der fähigsten Köpfe eines Staates für das öffentliche Wohl; die Tugend der Demokratie ist die Freiheit, und der Mut und Fleiß, den Freiheit hervorbringt.
In diesem Königreich werden die Gesetze gemeinsam gemacht von einem König, einem Oberhaus und einem Unterhaus, das vom Volk gewählt wird, alle haben freie Stimmberechtigung und besondere Privilegien. Die Regierung ist, gemäß diesen Gesetzen, dem König anvertraut; [...] Und diese Form der regulierten Monarchie, die die Macht hat die Autorität zu bewahren, ohne die sie unfähig wäre, die Gesetze zu bewahren und den Untertanen ihre Freiheit und Besitztümer zu sichern, zielt darauf ab, dem König so viel Respekt von den Großen [des Reiches] einzufordern, dass die Übel der Zwietracht und des Parteigeistes verhindert werden ebenso wie sie Angst und Ehrfurcht des Volkes erzeugt, die Tumulte, Gewalt und Zügellosigkeit verhindern.

Zit. nach: P. Kenyon (Hg.), The Stuart Constitution 1603–1688, Cambridge 1969, S. 21. Übers. F. Geyken.

23 A Solemn League and Covenant, 1643

Im Sep. 1643 schloss das englische Parlament dieses feierliche, wirkliche Bündnis mit den Schotten für die Reformation und Verteidigung der Religion, die Ehre und das Glück des Königs und den Frieden und die Sicherheit der Königreiche England, Schottland und Irland: Covenant ist ein archaischer, biblischer Begriff, der den Bund Gottes mit den Menschen bezeichnet. Schottische Presbyterianer verlangten, dass England, im Austausch für die schottische Unterstützung gegen den König, das schottische Kirchensystem übernehmen sollte.

Art. II Dass wir ohne Ansehen der Person die Auslöschung der Papisterey unternehmen wollen, des Prälatenwesens (d.h. die Regierung der Kirche durch Erzbischöfe, Bischöfe, ihre Kanzler und Kommissare, Dekane, Dekane und Kapitel, Erzdiakone und alle anderen kirchlichen Amtsträger, die es in dieser Hierarchie gibt), des Aberglaubens, der Ketzerei, der Spaltung, der Unheiligkeit und was immer sonst zu finden ist, das der reinen Lehre und der Kraft der Gottseligkeit zuwiderläuft.

Zit. nach: S.E. Prall, The Puritan Revolution, a Documentary History, London 1968, S. 105. Übers. F. Geyken.

24 Aus einer Petition von Londoner Bürgern an das Parlament vom März 1647

Aber dergestalt ist unser Unglück, dass wir, nachdem wir so viel kostbare Zeit, Blut und Geld aufgewandt haben samt dem Ruin von so vielen tausenden von ehrwürdigen Familien, um unsere Freiheit wiederherzustellen, so sehen wir die Nation noch immer von Misständen bedrückt, von derselben zerstörerischen Art wie zuvor, wenn auch unter anderen Vorzeichen. [...] So wie zu jener Zeit all die Männer und Frauen von England vorgeladen wurden, bestraft und eingesperrt durch die Lords des council-boards, so machen wir jetzt die schmerzliche Erfahrung, dass sich die gegenwärtigen Herren dieselbe Macht anmaßen und sie ausüben. Nichts könnte abstoßender sein und zerstörerischer für die gerechte Freiheit der Commons.

Zit. nach: A.S.P. Lindsay (Hg.), Puritanism and Liberty, London 1951, S. 318ff. Übers. F. Geyken.

25 Aus einer Petition vom 11. Sept. 1648 *von Frauen, die Ehemänner und Freunde aus dem Tower befreien wollen und sich deshalb an das Parlament wandten.*

An die höchste Macht in England, die Commons, die im Parlament versammelt sind. Die untertänig vorgebrachte Petition von verschiedenen [...] Frauen aus den Städten von London und Westminster.
[...] da wir versichert sind, nach dem Ebenbilde Gottes geschaffen zu sein [...], dem Manne gleichgestellt, ebenso wie wir im rechten Verhältnis einen Anteil haben an der Freiheit in diesem Gemeinwesen, so können wir uns nur wundern und klagen, dass wir in euren Augen so jämmerlich sind, dass wir für unwürdig erachtet werden, unsere Beschwerden diesem ehrenwerten Hause in einer Petition vorzulegen? [...] Und denkt ihr euch uns so versoffen und dumm, dass wir es nicht erkennen, nicht bemerken, wenn täglich die strengen Bastionen unseres Friedens und unserer Wohlfahrt niedergerissen werden und mit Füßen getreten werden durch Gewalt und Willkür? [...]
Sagt nicht die Petition des Rechts, dass keine Person standrechtlich verurteilt werden darf (es sei denn in Kriegszeiten) und dass alle Befehle, Kriegsrecht auszuüben, in Friedenszeiten den Gesetzen des Landes zuwiderlaufen? Hält es nicht Sir. Ed. Coke, in seinem Kapitel über Mord in dem dritten Teil seiner Institutes, für ein gutes Gesetz (und seitdem angenommen und veröffentlicht vom Parlament), dass wenn ein General oder ein anderer Offizier einer Armee in Friedenszeiten jemanden zu Tode bringt (und sei es ein Soldat) durch Kriegsrecht, dann ist dies Mord [zu nennen]?

Zit. nach: A.S.P. Lindsay (Hg.), Puritanism and Liberty, London 1951, S. 366. Übers. F. Geyken.

26 Die Armee als neuer Machtfaktor

Nach Beendigung der ersten Phase des Bürgerkrieges beschloss das Parlament im März 1647 die Entlassung eines Großteils der Soldaten, die dies jedoch nicht widerspruchslos hinnehmen wollten. In einem Brief, der wahrscheinlich von Cromwell geschrieben wurde, an den Rat der Stadt London, nicht! an das Parlament, formuliert die Armee ihren Standpunkt:

Wir haben schon gesagt und wiederholen es nun, dass wir keine Veränderung der Verfassung wollen. Auch wollen wir nicht die Einsetzung eines presbyterianischen Kirchenregiments hindern oder uns im Geringsten einmischen. Ebenso wenig kam es uns in den Sinn, einer verderblichen Freiheit den Weg zu bahnen, unter dem Vorwand, Erleichterung für zarte Gewissen zu erwirken. Wir erklären, dass wir, wie immer in dergleichen Dingen, wenn der Staat einmal eine Ordnung eingerichtet hat, nichts mehr zu sagen, sondern uns zu fügen oder zu leiden haben. Nur möchten wir, dass jeder gute Bürger, der einen friedlichen, untadeligen Wandel führt und dem das Wohl des Staates am Herzen liegt, Freiheit und Schutz genieße, denn dies ist wahre Staatskunst allerorten, ja das ist Gerechtigkeit. [...]
Wir erklären aufs Bestimmteste, dass, wenn ihr euch unseren berechtigten Begehren nicht widersetzt und nicht jener verderblichen Partei helft, die uns und das Königreich in Verwirrung zu bringen sucht, weder wir noch unsere Soldaten auch den geringsten Anlass zu Ärgernis geben werden. [...] Und wenn ihr etwa denkt, eine so reiche Stadt sei eben eine gar verführerische Lockung für arme hungrige Soldaten, so dass sie wohl Großes wagen werden, um ihre Schätze zu gewinnen, so versichern wir euch, dass, sofern ihr uns nicht herausfordert, unsere Soldaten über unsere Leichen hinweg den Weg bahnen müssten, um derartiges

auszuführen. Und weiter versichern wir euch zu eurer Beruhigung, dass die meisten unter ihnen so geringen Wert auf ihren Sold legen gegenüber den höheren Gesichtspunkten des öffentlichen Wohls, dass sie lieber alles verlieren, als sich ihre Ehrlichkeit und Unbestechlichkeit antasten zu lassen [...] oder auf den Friedenschluss für das Reich und für sich und die Freiheiten für ihre Mitbürger zu verzichten.

Zit. nach: Geschichte in Quellen, Bd. III, Renaissance, Glaubenskämpfe, Absolutismus, bearb. von Fritz Dickmann, München 1966, S. 379 f. Übers. M. Stähelin.

27 Anklage wegen Hochverrats gegen den Karl Stuart im Januar 1649

Dass der genannte Karl Stuart, der König von England und in diesem Amt mit einer beschränkten Macht ausgestattet, um gemäß den Gesetzen des Landes und nicht anders, zu regieren. Aufgrund des Vertrauens, des Eides und des Amtes ist er verpflichtet, die Macht, die ihm anvertraut wurde, zum Wohle des Volkes und zur Bewahrung der Rechte und Freiheiten seiner Untertanen zu nutzen. Dennoch, in der bösartigen Absicht, in seiner Person eine unbeschränkte und tyrannische Macht einzurichten, um nur nach seinem eigenen Willen zu regieren und die Rechte und Freiheiten des Volkes umzustürzen; ja, um alle Grundlagen derselben zu entfernen und jede Abhilfe und jede Korrektur einer schlechten Regierung zu vernichten, die durch die fundamentale Gesetze dieses Königreiches auf Seiten des Volkes vorgesehen waren durch das Recht und die Macht von regelmäßigen und aufeinander folgenden Parlamenten oder nationalen Treffen eines Rates. Er, der genannte Karl Stuart, hat, zur Erfüllung dieser Ziele und um sich und seine Anhänger und sein und deren bösartiges Handeln zu schützen, in verräterischer und vorsätzlicher Weise einen Krieg gegen das jetzige Parlament begonnen und damit gegen das darin repräsentierte Volk.

[...] Darum beschuldigen wir den genannten Karl Stuart als Tyrannen, Verräter, Mörder und als öffentlichen und unversöhnlichen Feind des Commonwealth von England.

Zit. nach: W. Cobbett's Complete Collection of State Trials and Proceedings for High Treason and other Crimes and Misdemeanors, ed. by Th. Howell, 11 Bde, London 1809, Bd. 4, S. 1070 f. Übers. F. Geyken.

29 Eikon Basilike, 1649

Ein Rechtfertigungsschreiben des Königs, das nach seinem Tod veröffentlicht wurde.

Auch wenn ich es hinnehme, meine eigenen Strahlen zu verdunkeln, um den Ängsten derer gerecht zu werden, die fürchten, sie müssten erblinden, wenn ich im vollen Glanze der königlichen Macht erstrahle, in die Gott und die Gesetze mich eingesetzt haben, so werde ich niemals zustimmen die nachgeborenen und folgenden Könige aus der Sonne der Souveränität herauszunehmen.

Zit. nach: S. E. Prall (Hg.), The Puritan Revolution: A documentary History, London 1968, S. 195 ff. Übers. F. Geyken.

30 Karls letzter Brief an seinen Sohn, den späteren Karl II., 1649

Schlimmstenfalls vertraue ich darauf, dass ich vor Dir in ein besseres Königreich gehen werde, für das Gott mich vorbereitet hat durch meinen Heiland Jesus Christus, dessen Gnade ich Dich anempfehle und all mein Farewell bis wir uns wiedersehen, wenn nicht auf Erden, so doch im Himmel.

Zit. nach: Ch. Petrie (Hg.), The letters, speeches and proclamations of King Charles I, London 1935, S. 272 f. Übers. F. Geyken.

28 Omnia Vanitas, Radierung von Sebastian Furck 1649

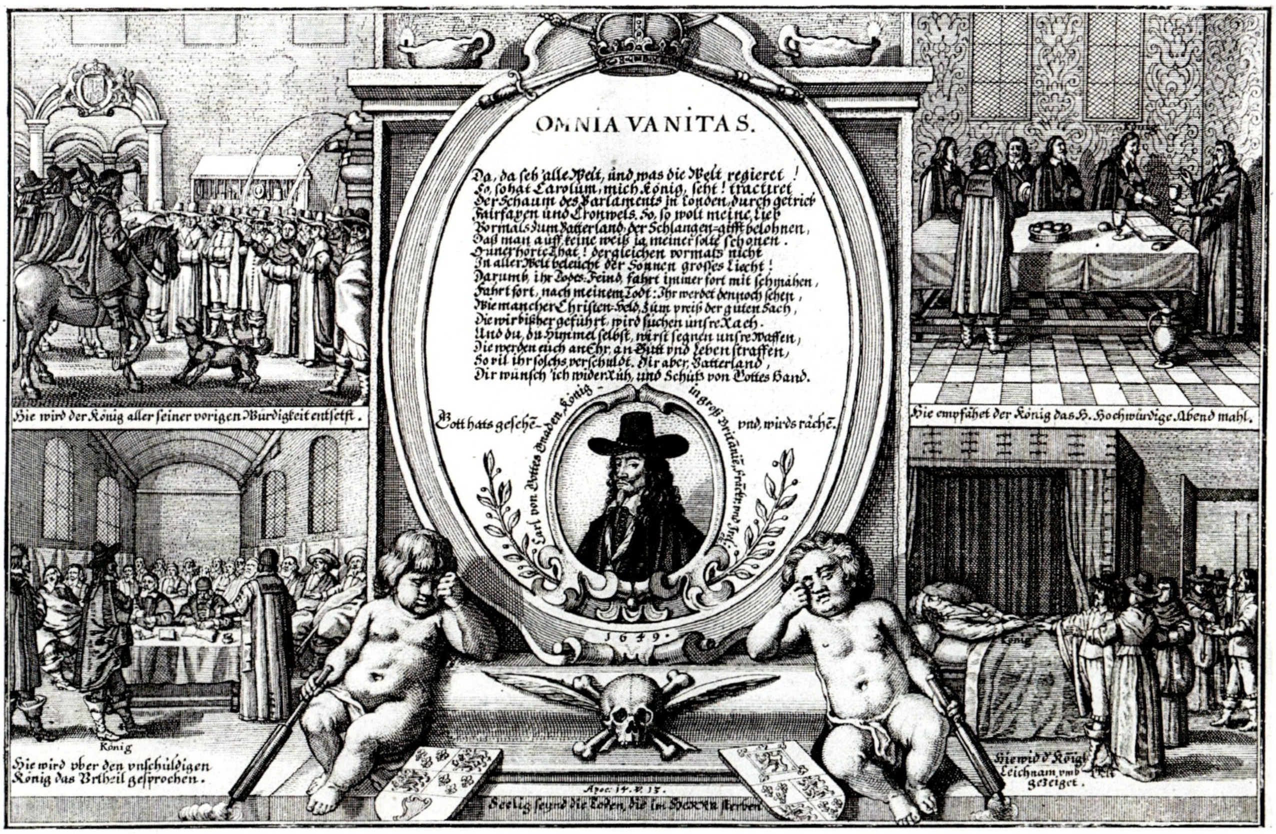

31 *Der Earl of Clarendon, der nach 1660 maßgeblich an der reibungslosen Wiedereinführung der Monarchie beteiligt war, hat im Rückblick die Ereignisse des Bürgerkrieges aus monarchistischer Perspektive in einem mehrbändigen Geschichtswerk dargestellt.*

Aber es wird nicht schlecht sein, eine kurze Skizze seiner Person zu geben, so dass die Nachwelt weiß, wie groß der unschätzbare Verlust ist, den die Nation erlitten hat, die eines Fürsten beraubt wurde, dessen Beispiel größeren Einfluss auf die Sitten und die Frömmigkeit der Nation hätte haben können als jedes noch so strenge Gesetz. Sprechen wir von seinen persönlichen Tugenden als Mensch, bevor wir seine fürstlichen und königlichen Tugenden erwähnen; Er war, falls jemals jemand dieses Titels würdig gewesen ist, ein aufrechter Mann, ein so großer Freund der Gerechtigkeit, dass keine Versuchung ihn je dazu bringen konnte, etwas Falsches zu tun, ausgenommen, es wäre so getarnt, dass er es für wahr gehalten hätte. Er hatte ein zartes Gefühl für die Natur, das ihn davon abhielt, jemals hartherzige Dinge zu tun. [...] Er war furchtlos für seine Person, aber nicht kühn; und er hatte eine ausgezeichnete Auffassungsgabe, aber er selbst war sich dessen nicht sicher genug, so dass er oft genug seine eigene Meinung gegen eine andere, schlechtere eintauschte und dem Ratschlage eines Mannes folgte, der nicht so gut urteilte wie er selbst. [...] Wäre er von einer gröberen, mehr herrischen Natur gewesen, er wäre wohl auf mehr Respekt und Pflichterfüllung gestoßen.

Zit. nach: Edward, Earl of Clarendon, The History of the Rebellion and Civil Wars in England, Begun in the year 1641, first edition 1888, reprint Oxford University Press 1969, Bd. 4, S. 488 ff. Übers. F. Geyken.

32 *Der Historiker Macaulay, der in der Mitte des 19. Jahrhunderts eine Geschichte Englands verfasste, bezeichnete Cromwell als „Genie" (S. 144) und macht folgende Aussagen über König Karl I.*

Der König genehmigte, in der feierlichen Weise, jenes berühmte Gesetz, welches unter Namen der Petition des Rechts bekannt und welches die zweite große Urkunde der englischen Freiheiten ist. Indem er dieses Gesetz genehmigte, verpflichtete er sich, niemals wieder eine Person einzukerkern, außer im gehörigen Gange des Rechts, und niemals wieder sein Volk der Jurisdiktion der Kriegsgerichte zu unterwerfen. [...]

Nun [nach der Auflösung des Parlamentes] begann eine neue Ära. Manche englische Könige hatten gelegentlich verfassungswidrige Akte begangen, aber keiner hatte jemals systematisch versucht, sich zu einem Despoten zu machen und das Parlament zu einem Nichts zurückzuführen. Das aber war das Ziel, was sich Karl ganz deutlich vorsteckte. Vom März 1629 bis zum April 1640 wurden die Häuser nicht zusammenberufen. Niemals in unsrer Geschichte war ein Zwischenraum von 11 Jahren zwischen einem Parlament und dem nächsten gewesen, und nur ein einziges Mal hatte es einen gerade halb so langen gegeben. Dieser Umstand allein ist hinreichend, um diejenigen zu widerlegen, welche vorgeben, Karl sei bloß in die Fußstapfen der Plantagenets und Tudors getreten.

Es ist bewiesen durch das Zeugnis der eifrigsten Anhänger des Königs, dass während dieses Teiles seiner Regierung die Bestimmungen der Petition des Rechts von ihm, nicht bloß gelegentlich, sondern fortwährend und systematisch verletzt worden sind.

Zit. nach: Thomas Babington Macaulay, Die Geschichte Englands seit dem Regierungsantritte Jakobs II., Leipzig 1850, Bd. 1, S. 105 ff. Übers. von F. Bülau

33 *Das Dictionary of National Biography ist ein monumentales biographisches Nachschlagewerk zur englischen Geschichte, dessen Ursprung im entstehenden Geschichtsbewusstsein des 19. Jahrhunderts liegt. Seit einigen Jahren liegt nun eine Neubearbeitung vor, in der es über Karl I. heißt:*

Im Jahr 1660 erklärte das Parlament Karl zum Märtyrer, er wurde in den anglikanischen Heiligenkalender aufgenommen, und es wurde angeordnet, dass zur Erinnerung an ihn und um seinen Todestag ehrenvoll zu begehen, Gebete gesprochen werden sollen, eine Pflicht, die manche freudig auf sich nahmen und die andere vollständig ignorierten [...]

Karl ist nicht der König, dessen am meisten gedacht wird, obwohl Denkmäler von ihm in Westminster und Oxford zu finden sind [...] Im Film ist er denkwürdig dargestellt worden von Alec Guinness, allerdings in einem Film, der „Cromwell" hieß. Obwohl die Gesellschaft von King Charles the Martyr in St. Margrets in Westminster eine Büste aufgestellt hat, die auf die Statue Cromwells, die vor dem Parlament steht, herabsieht, so ist es heute doch überwiegend so, wie es im 17. Jahrhundert war: Es ist Cromwell, der die Aufmerksamkeit der Menge auf sich zieht und die Meinungen spaltet. Wer Karl nicht verehrt, neigt dazu, ihn zu ignorieren.

1894 beschloss die Kirche von England, den Festtag von Karl, König und Märtyrer, wieder aus ihrem Kalender zu streichen. Als Antwort darauf wurde eine „Gesellschaft von König Karl, dem Märtyrer" gegründet durch die Respekt einflößende Mrs. Ermengarda Greville-Nugent, „auf der Höhe des Neo-Jakobitismus, einer romantisch-dekadenten Bewegung, die auf den zynischen und eigennützigen Einflüsse zeitgenössischer Politik reagierte", wie es ihre Website aus dem Jahr 2002 formuliert.

Dictionary of National Biography, Eintrag King Charles I. Zit. nach: http://www.oxforddnb.com/subscribed/ am 4. Okt. 2005. Übers. F. Geyken.

34 Cromwell betrieb eine gezielte auf Expansion ausgerichtete Außenpolitik, daher erließ er 1651 die Navigationsakte

Zur Vergrößerung des Schiffsbestandes und zur Förderung der Schifffahrt Englands, die durch Gottes gütige Vorsehung von so großem Nutzen für Wohlfahrt und Sicherheit dieser unserer Republik sind, wird von dem gegenwärtigen Parlament beschlossen, dass vom 1. Dezember 1651 an Güter oder Erzeugnisse jeder Art aus Asien, Afrika oder Amerika nach England, Irland oder irgendwelchen dazugehörigen Ländern, Inseln oder Kolonien nur noch auf Schiffen eingeführt werden dürfen, die einwandfrei Leuten unseres Volkes gehören und deren Kapitäne und Matrosen zum größten Teil Leute unseres Landes sind, bei Strafe des Verlustes sowohl der Ware als auch des Schiffes. Und es ist ferner [...] verboten, Güter oder Erzeugnisse irgendwelcher Art, die in Europa gewachsen sind oder dort erzeugt oder auf gewerbliche Weise hergestellt wurden, in England oder Irland oder den dazugehörigen Gebieten auf anderen Schiffen einzuführen als auf solchen, die entweder einwandfrei Leuten unseres Volkes oder Angehörigen derjenigen Länder und Orte zu Eigne sind, in denen die besagten Güter gewachsen sind, erzeugt oder hergestellt wurden, oder die aus Häfen stammen, in denen die erwähnten Güter ausschließlich oder üblicherweise verschifft werden.

Zit. nach: Gottfried Guggenbühl, Hans C. Huber (Hg.), Quellen zur Geschichte der neueren Zeit, Zürich 4. Aufl. 1976, S. 206.

35 **Kritik an Cromwells Politik gegenüber Schotten, Iren und Niederländern**
Kupferstich von Crispyn de Passe (1597–1670)

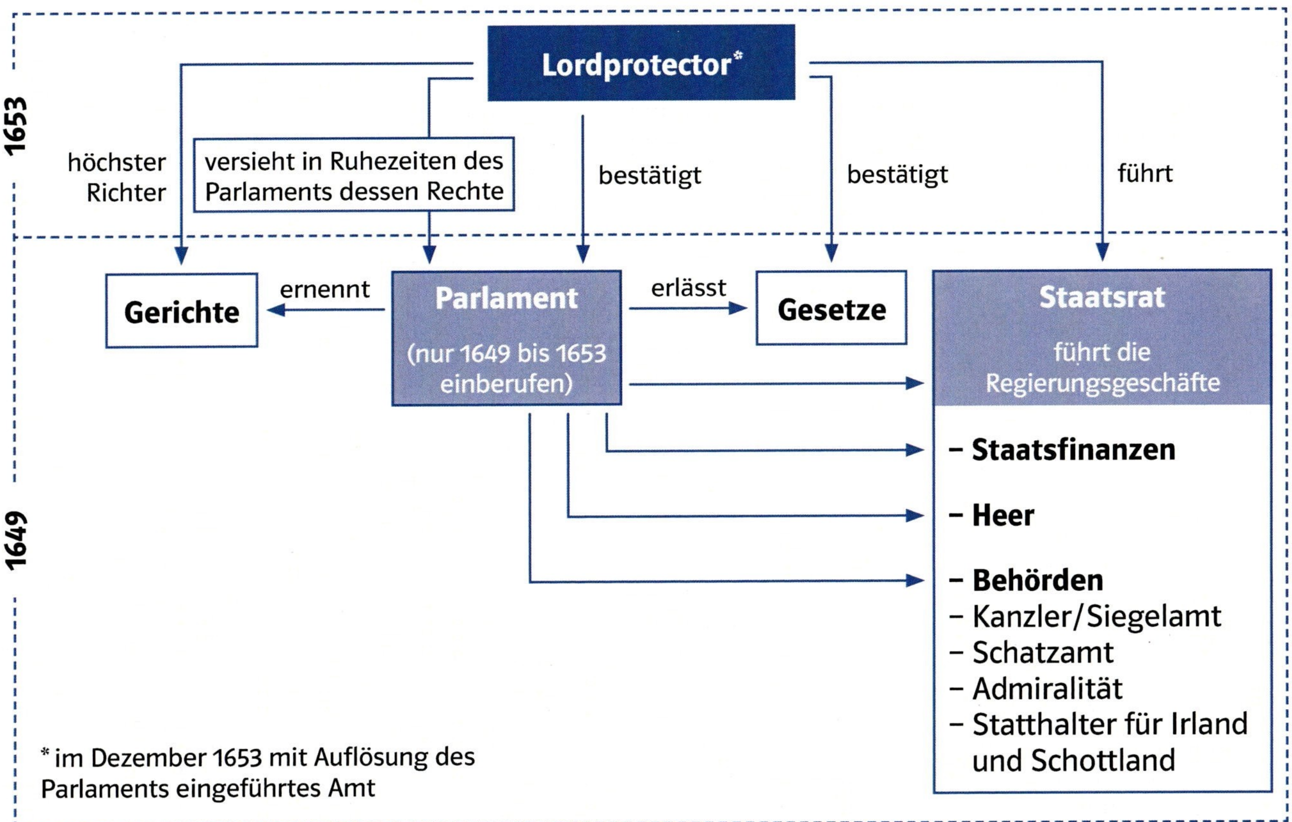

36 **Die Staatsverfassung der englischen Republik von 1649 bis 1658/60**

Lord Protector

Cromwell wurde zum Lord Protector auf Lebenszeit ernannt.

Befugnisse, die ihm gemäß dem Instrument of Government zustehen:

- zu regieren mit dem Rat, in Hauptfragen, der Zustimmung des Council of State, des Staatsrates
- die Kontrolle über die Miliz mit dem Rat und dem Parlament, wenn eines einberufen ist, zu teilen
- die Kontrolle über das stehende Heer mit dem Rat zu teilen
- Einnahmen aus Zöllen und anderen Quellen sind, mit der Zustimmung des Rates, für „normale" Ausgaben zu verwenden
- Vetorecht für jede Eingabe, die die grundlegenden Prinzipien des ▶ Instrument of Government zu zerstören drohen

Das stehende Heer

Ein stehendes Heer von 30 000 Soldaten wird gemeinsam kontrolliert von Parlament und Protector.

Der Staatsrat

bestehend aus 21 Mitgliedern
- benennt Cromwells Nachfolger im Amt des Protectors
- berät den Protector in allen Fragen der Politik und Verwaltung
- seine Zustimmung ist in wichtigen Fragen erforderlich
- benennt seine eigenen Mitglieder
- teilt die Kontrolle über die Miliz mit dem Protector und dem Parlament, wenn eines einberufen ist
- teilt die Kontrolle über das stehende Heer mit dem Protector

Die nationale Kirche

Hat die Aufgabe, die reine Lehre zu verkünden. Religionsfreiheit besteht für solche, die „ihren Glauben an Gott durch Jesus Christus bekennen" (dies gilt nicht Katholiken und nicht für solche, die sich der „Zügellosigkeit" schuldig gemacht haben).

Das Parlament

- besteht aus nur einer Kammer
- 400 Abgeordnete für England und Wales, für Schottland und Irland je 30
- die Abgeordneten sollen einen guten Leumund haben, Gott fürchten und rhetorisch begabt sein
- soll alle drei Jahre für fünf Monate tagen

Befugnisse:
- soll neue Staatsratsmitglieder vorschlagen
- teilt die Kontrolle über die Miliz mit dem Protector und dem Rat
- Steuern können nicht ohne seine Zustimmung erlassen werden

Es wird gewählt von Männern mit einem Einkommen von mindestens 200 Pfund. Dies schloss Landbesitzer aus, die vorher berechtigt gewesen waren zu wählen, die sog. 40 shilling freeholders. Katholiken und bekennenden Royalisten war das aktive und passive Wahlrecht verwehrt.

37 Staatsaufbau unter Cromwell

38 Instrument of Government vom 16. Dez. 1653

1. Die höchste gesetzgebende Gewalt des Commonwealth von England, Schottland, Irland und der dazugehörigen Gebiete soll bei einer Person und bei dem im Parlament versammelten Volk liegen und beruhen. Der Titel dieser Person soll sein: The Lord Protector of the Commonwealth of England, Scotland and Ireland.

2.2. Die Ausübung der höchsten obrigkeitlichen Gewalt (chief Magistracy) und die Verwaltung der Regierung über die genannten Länder und Gebiete (dominions) und des dazugehörigen Volkes soll dem Lord Protector zustehen, unter Beistand eines Rates (Council), dessen Stärke nicht über 21 und nicht 13 [Personen] betragen soll.

3. Alle Reskripte, Vorladungen, Befehle, Patente, Bewilligungen usw., die jetzt unter dem Namen und Titel der Hüter der Freiheit Englands in Vollmacht des Parlaments ergehen, sollen unter dem Namen und Titel des Lord Protectors ergehen, von dem künftig alle obrigkeitliche Gewalt und Ehren in den drei Nationen ausgehen sollen. [...]

4. Ist das Parlament versammelt, so soll der Lord Protector über die Land- und Seestreitkräfte mit Zustimmung des Parlamentes zur Wahrung des Friedens und zum Besten der drei Nationen verfügen und befehlen; in der Zeit zwischen den Sitzungsperioden des Parlaments mit Rat und Zustimmung der Mehrheit des Council.

5. Mit gleichem Rat soll der Lord Protector in allen Dingen verfahren, die die Erhaltung und Pflege guter Beziehungen zu auswärtigen Königen, Fürsten und Staaten betreffen; desgleichen soll er Gewalt haben, mit Zustimmung der Mehrheit des Council über Krieg und Frieden zu entscheiden.

6. Gesetze dürfen nicht geändert, suspendiert, aufgehoben oder widerrufen werden, noch neue Gesetze erlassen, Steuern, Lasten oder Abgaben dem Volk auferlegt werden, es sei denn mit allgemeiner Zustimmung des Parlamentes.

Zit. nach: Geschichte in Quellen, Bd. III, Renaissance, Glaubenskämpfe, Absolutismus, bearb. von Fritz Dickmann, München 1966, S. 486f.

40 Verteidigung der königlichen Seite von John Evelyn, 1659

John Evelyn (1620–1706) ist uns heute bekannt wegen seines überlieferten Tagebuchs, das von seiner Kavalierstour auf dem Kontinent, aber auch von seinem Londoner Leben erzählt. Evelyn war ein fleißiger Schreiber, hat viele naturkundliche Werke verfasst ebenso wie eine Reihe von politisch einflussreichen Pamphleten. Hier zieht er eine negative Bilanz der Republik und stellt einem fiktiven Gegenüber die Vorzüge einer geregelten monarchischen Staatsform vor.

Aber lassen Sie uns nun die andere Seite betrachten, das Durcheinander, das notwendigerweise aufflammen muss, wenn wir auf dieser Rebellion und Halsstarrigkeit bestehen. Wir sind bereits verarmt, und der Krieg und das Elend, das ihn begleitet, haben uns aufgezehrt; Ihr habt unser Vermögen verschwendet, unsere Wälder zerstört, den Handel verdorben und unser Eigentum ins Wanken gebracht; es gibt eine allgemeine Feindschaft, die der Nation ins Mark vorgedrungen ist; Eltern gegen ihre Kinder, Kinder gegen ihre Eltern, einer verrät den anderen bis hin zum Tod. [...]

Wenn wir nur einmal überlegen, wie lächerlich wir uns in den Augen unserer Nachbarn, rund um uns herum, gemacht haben durch die Geschehnisse der letzten Zeit. Ihre Minister lachen über unseren extremen Leichtsinn und wir scheinen sie zum Narren zu halten: Denn kaum, dass ihre Gesandten hier eintreffen, so hat sich die Szenerie schon wieder verändert, die Regierung ist geflohen, der, der jetzt als König fungiert, hat einen Trottel an seiner Stelle da gelassen und sie stehen verwundert vor diesen Possen und diesem Wahnsinn.

Wenn wir uns dann noch vorstellen, was das Ergebnis all dieser Schäden sein wird, wenn die Nationen uns verhöhnen und hassen, werden sie sich zu unserer Zerstörung zusammenschließen und ist nicht die Frucht reif für die Sichel ihrer Wut? Werden wir nicht in jedem Fall die Beute eines unausweichlichen Ruins, nachdem wir uns selbst in einem brutalen Bürgerkrieg derartig geschwächt haben?

Zit. nach: John Evelyn, An apology for the royal party: written in a letter to a person of the late Councel of State./By a lover of peace and of his country. With a touch at the pretended plea for the army., [London] 1659, S. 10ff. Übers. F. Geyken.

39 Links Cromwell auf einer Glückskugel, in der Mitte Anhänger Cromwells, die die „königliche Eiche" fällen und rechts das Volk als Helfer, Karikatur von 1656.

41 Noch einmal John Evelyn in seiner Verteidigung der königlichen Sache von 1659:

Guckt euch die Kirchen an und die Sitten der Leute, selbst unter euren eigenen Saints [die Puritaner nannten die Angehörigen ihrer Kirchen Saints, Heilige], und dann sagt mir doch, ob ihr […] jemals von so vielen Spaltungen und Ketzereien, von Juden und Sozinianern, Quäkern, Fifth-Monarchy-Men, Arianern, ▶Anabaptisten, Independenten und tausend und ein verschiedenen Blasphemien und bekennenden Atheisten gehört habt, alles eine Ausgeburt eurer Regierung, und dann sagt mir, welche Reformation der Religion ihr bewirkt habt? […]

Und was war der Grund für all das, als der Leichtsinn eines übermütigen Volkes, die Spaltungen und Ketzereien in der Kirche […] Denn, wenn es keine Ordnung in der Kirche gibt, wenn es keinen Konsens über den Körper der Religion gibt, keine Regierung etabliert ist und jedermann auf sich und sein doppelzüngiges Herz zurückgeworfen ist, […] was können wir vernünftigerweise erwarten, als den grässlichsten Zorn Gottes, eine allgemeine Verwüstung, wenn durch den Fleiß Satans und seiner ausgekochten Sendboten, ein verzweifelter Enthusiasmus von Arianern, Sozinianern, Juden, Anabaptisten und den unzüchtigen Gnostikern sich herstellt, etwas, so behaupte ich, das sich aus all diesen Ketzereien zusammensetzt, sich über die Nation verteilen wird in einer allgemeinen Ansteckung, und nichts weniger wird zum Vorschein kommen als der Christ, den wir so undankbar verleugnet haben?

Zit. nach: John Evelyn, An apology for the royal party: written in a letter to a person of the late Councel of State. [London] 1659, S. 4 ff. Übers. F. Geyken.

42 Cromwell und Toleranz

In seiner Rede an das Parlament vom 20. Jan. 1658 wird auch Cromwells Toleranzbegriff deutlich.

[Die Sache für die wir gekämpft haben], das war die Erhaltung der Freiheit dieser Nationen und die Erhaltung unserer bürgerlichen Freiheiten als Menschen, unsere geistigen Freiheiten als Christen. [… Beides] ist mittlerweile wieder hergestellt, die bürgerlichen Freiheiten für uns als Menschen, und die Freiheit für all jene, die Protestanten sind, die eine Freiheit des Gottesdienstes genießen so wie es ihr Gewissen zulässt.

Zit. nach: S.C. Lomas (Hg.), The Letters and Speeches of Oliver Cromwell with Elucidations by Thomas Carlyle, London 1904, Bd. 3, S. 150 ff. Übers. F. Geyken.

43 Denkmal Cromwells vor dem englischen Parlament aus dem 19. Jahrhundert

44 Eine Rede Cromwells an das Parlament am 20. Januar 1658

Cromwell zieht ein Resümee und spricht über das, was in seinen Augen in den vergangenen Jahren erreicht wurde.

Der erste Vers [des 85. Psalms] ist eine Bestätigung Gottes, dass Er Seinem Land wohlgesonnen war und es aus der Gefangenschaft erlöst hat; und dann, dass Er ihnen all ihren Frevel vergeben, all ihre Sünden bedeckt und all seinen Zorn hinweggenommen – […] Vergebung, so wie Gott dem Mann vergibt, dem er Rechtfertigung zuteil werden lässt. […] Und wenn der gegenwärtige Friede und andere Gnadenerweise Zeugen sein mögen für uns gegenüber Gott – so sehen und fühlen wir sie jeden Tag. […]

Ich hoffe wahrhaftig, dass dieses Land Sein Land ist und in einer gewissen Weise kann man erklären, dass es Gottes Land ist. Und derjenige, der die schwächsten Kenntnisse und die schlechteste Erinnerung hat, kann sehr leicht sagen, dass wir ein erlöstes Volk sind, – von der Zeit als Gott zum ersten Mal wohlwollend auf uns geblickt hat, um uns aus den Händen des Papismus zu erlösen, in dieser niemals zu vergessenden Reformation, die bedeutsamste und größte Gnade, die dieser Nation jemals zuteil geworden ist.

Zit. nach: S.C. Lomas (Hg.), The Letters and Speeches of Oliver Cromwell with Elucidations by Thomas Carlyle, London 1904, Bd. 3, S. 150 ff. Übers. F. Geyken.

45 Biografie Cromwells, 1845

Der Historiker und Schriftsteller Thomas Carlyle veröffentlichte 1845 die Briefe und Reden von Oliver Cromwell. Mit dieser Edition wurde Cromwell nach einer langen Zeit wieder in das kollektive historische Gedächtnis zurückgeholt.

Dass dieser Mann Oliver Cromwell in der allgemeinen Vorstellung dasteht als die Seele der puritanischen Revolution, ohne den sie niemals ein so denkwürdiges Ereignis und eine Epoche der Weltgeschichte geworden wäre; dass tatsächlich er, mehr noch als sonst üblich in solchen Fällen, es verdient der betreffenden Periode seinen Namen zu geben, so dass die Puritanische Revolte als eine Crommwelliade betrachtet werden kann. […] Und weiter, ganz im Gegensatz zur allgemeinen Vorstellung, wird es offensichtlich, dass dieser Oliver kein Mann von Falschheiten war, sondern ein Mann der Wahrheiten; dessen Worte eine Bedeutung hatten und mehr als anderen dieser Zeit es wert sind, beachtet zu werden. Seine Worte – und mehr sein Schweigen […] – verdienen in verschiedenerlei Hinsicht das Studium eines ernsten Mannes. Ein ernsthafter Mann, nehme ich an, mag aus Olivers Worten herauslesen […], dass Olivers Charakter und die Dinge, für die er sich einsetzte, so ziemlich das Gegenteil sind von dem verrückten Wirrwar &&, von Heucheleien &&, die derzeit als solche angesehen werden.

Zit. nach: S.C. Lomas (Hg.), The Letters and Speeches of Oliver Cromwell with Elucidations by Thomas Carlyle, London 1904, Bd. 1, S. 10 f. Übers. F. Geyken.

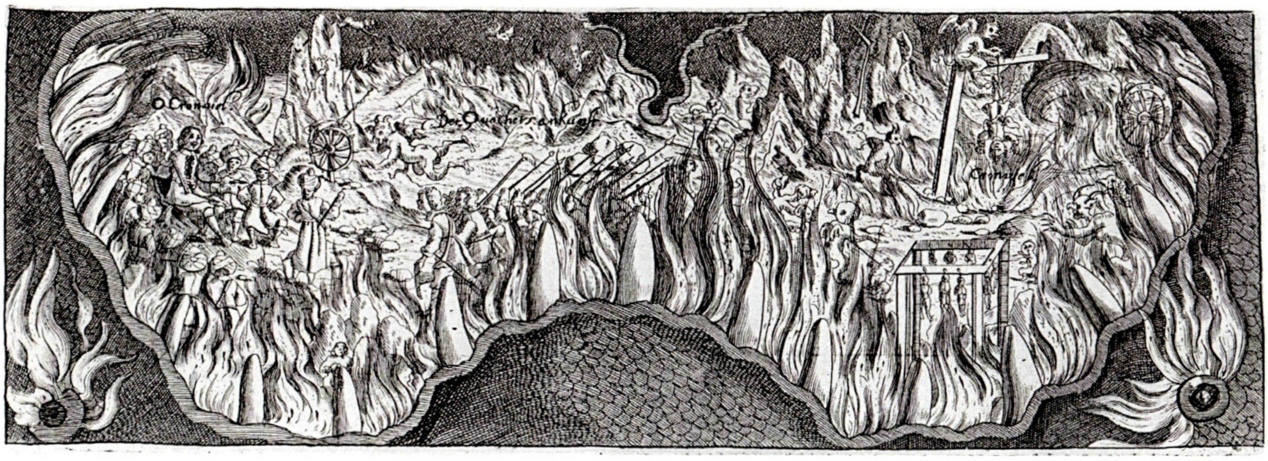

46 Deutsches Flugblatt gegen Cromwell, 1661

Das Flugblatt zeigt Cromwell in einem riesigen Höllenmaul. Die Zähne des Höllenschlundes sind deutlich erkennbar. Cromwell sitzt vorne links, umgeben von heidnischen Türken, aber er wird von anderen Despoten, die im Text erwähnt werden, und sogar den Teufeln, denen er gute Dienste erwiesen hat, gemieden. Von anderen Independenten erfährt er, was nach seinem Tod auf der Erde geschehen ist.

Bißanhero hat Oliver Cromwel in dem Reiche Plutonis unter den großen aber gottlosen Herren und Tyrannen der Welt seine Seele gehabt: Neuliche Zeit aber sich diese merckliche Veränderung ergeben, die wir folgender Massen erzehlen wollen: Nachdem er anfänglich in die Höllische Tartarey angelangt, vermeynte er alle Böcke der Welt solten gegen ihn aufstehen von ihren Stülen und ihm Plaz geben. Aber die verdampten Potentaten deugten sich zu edel, ihm so viel Ehrerbietung zu erweisen, als der bei weitem ihres Standes oder königlichen Geblüts nicht; über das zu der protectorischen Hoheit vielmehr durch verräterische Tücke und Laster, weder durch heroische Tapferkeit und redliche Mannheit erhaben wäre. [...] Darum ward beschlossen, ihn beym alten Plutoni [Pluto, der heidnische Gott der antiken Unterwelt] zu sezen. Seine Hoheit aber protesirte darwider auffs äusserste [...] Und wenn nichts anderes, sprach Cromwel, mich recommendirlicher [empfehlenswerter] machte, solltest Du, O Belial [alttestamentarischer Teufelsname] betrachten, daß ich von der Edlen Secte der Puritaner, welcher Eurer tartarischen Cron die meisten Früchte, Zinß und Tribut zuschicket. Bedenck, ob ich nicht ein Eifferer, Ursacher und Brunnquell so vieler blutiger Treffen gewesen, dadurch der Hollen Rachen manch gute feiste Bissen bekommen. [...] Es kommt der Independent Cragge vorbei] Hola! Landsmann! Hola Engelsmann! wohin so eilig? Cragge sahe sich umb, konte sich kaum so viel besinnen, daß es Cromwel wäre. Angesehen er ihn so nicht in seiner vorigen Pracht und Herzligkeit, sondern auf einem glühenden Stuhl [...] Sein Habit war ncht wir vor mit köstlichen Kleynodien, sondern vielen stinckenden und nagenden Würmern besetzt [...] Ach, sprach Cragge, großmächtig gewesener Herr, ich gedachte eure Hoheit und mich anderswo weder an diesem Ort der Qual zu finden! Ach weh! wie haben wir deß rechten Weges so häßlich verfehlt! Es ist, versetzte Cromwel, versehen! Es ist geschehen und ach weh nimmer nimmer nimmermehr in alle Ewigkeit zu ändern!

Zit. nach: Wolfgang Harms (Hg.), Deutsche illustrierte Flugblätter des 16. und 17. Jahrhunderts, Tübingen 1985 ff., Bd. II, Nr. 336.

47 Deklaration von Breda, 1660

Am 4. April 1660 veröffentlichte Karl II. in seinem niederländischen Exil die Deklaration von Breda, mit der er seinen Thronanspruch formuliert und ein Amnestieangebot macht.

Karl, durch die Gnade Gottes König von England, Schottland, Frankreich und Irland, Verteidiger des Glaubens etc., Grüße an alle Unsere geliebten Untertanen, welchen Ranges und welcher Eigenschaft sie auch sein mögen. [...] Damit niemand, der sich seiner dunklen Vergangenheit bewusst ist, aus Furcht vor Bestrafung in Zukunft in Schuld beharrt dadurch, dass er gegen die Ruhe und das Glück dieses Landes bei der Wiedereinsetzung von König, Peers und Volk in ihre gerechten, alten und begründeten Rechte ist, erklären Wir hiermit, dass Wir eine freie und allgemeine Amnestie gewähren. [...] Wir amnestieren alle Unsere Untertanen, welchen Ranges und welchen Standes auch immer, die innerhalb von vierzig Tagen nach der Veröffentlichung dieser Erklärung diese Unsere Gnade und Gunst ergreifen und öffentlich erklären, dass sie zur Loyalität und zum Gehorsam guter Untertanen zurückkehren. Davon ausgenommen sind nur solche Personen, die vom Parlament ausgenommen werden. Mögen alle Unsere Untertanen, schuldig wie sie auch sein mögen, dem Wort eines Königs trauen, welches in dieser Erklärung feierlich gegeben wird, dass kein Verbrechen, welches gegen Uns oder Unseren königlichen Vater vor der Veröffentlichung dieser Erklärung begangen wurde, jemals gerächt oder vor Gericht gebracht werden wird. [...] Und da die Leidenschaft und Unbarmherzigkeit der Zeiten mehrere Meinungen in der Religion hervorgebracht haben, durch welche die Menschen in Parteien und Feindseligkeiten gegeneinander wüten [...] erklären wir Freiheit für alle Menschen mit empfindsamem Gewissen. Kein Mensch soll wegen Glaubensdifferenzen in Sachen der Religion, welche nicht den Frieden des Königreiches stärken, beunruhigt oder vor Gericht gezogen werden.

Zit. nach: Geschichte in Quellen, Bd. III, Renaissance, Glaubenskämpfe, Absolutismus, bearb. von Fritz Dickmann, München 1966, S. 490 f. Übers. B. Dombrowsky.

48 Bill of Rights, 1628

a) Das Parlament bittet 1628 den König um die Abschaffung bestehender Missstände, die in der Petition „Bill of Rights" aufgezählt werden.

Unseren obersten Herrn, den König, machen wir, die geistlichen und weltlichen Lords und die Gemeinen, im Parlament versammelt, untertänigst darauf aufmerksam, dass durch ein Gesetz aus der Zeit König Eduards I. [1327–1377] erklärt und verfügt wurde, dass durch den König oder seine Erben in diesem Reiche keine Steuer oder Beihilfe mehr auferlegt oder erhoben werden dürfe ohne guten Willen und Zustimmung der Erzbischöfe, Bischöfe, Earls, Barone, Ritter, Bürger und anderer freier Männer der Gesamtheit dieses Reiches. [...] Dennoch sind in letzter Zeit verschiedene Anordnungen [...] ergangen infolge deren Ihre Untertanen an verschiedenen Orten versammelt und aufgefordert wurden, bestimmte Geldsummen Eurer Majestät darzuleihen, und manchen von ihnen wurde auf ihre Weigerung, dem nachzukommen, ein Eid auferlegt, was nach den Gesetzen und Satzungen dieses Reiches nicht zulässig ist, und sie wurden gezwungen, sich zu verpflichten, zu erscheinen und sich zu verantworten vor Ihrem Geheimen Rate und an anderen Orten und andere von ihnen wurden deshalb eingekerkert, verbannt und auf verschiedene Arten belästigt und beunruhigt. Es ist auch durch die Satzung „Der große Freiheitsbrief von England [Magna Charta]" erklärt und verfügt worden, dass kein freier Mann verhaftet, eingesperrt oder seiner persönlichen Freiheit, seiner Rechte oder seiner freien Bewegung beraubt werden oder geächtet oder verbannt oder in irgendwelcher Weise geschädigt werden dürfe, außer nach gesetzlichem Urteil von seinesgleichen oder nach dem Landesgesetz. [...]

Dennoch [trotz der Gesetze Edwards III.] sind in jüngster Zeit unter Eurer Majestät großem Siegel verschiedne Weisungen hinausgegangen, auf Grund deren gewisse Personen zu Kommissären bestimmt und ernannt wurden mit der Ermächtigung, im Lande nach der Jurisdiktion der Kriegsgerichte vorzugehen gegen Soldaten oder Matrosen oder anderes Gesindel, das sich mit ihnen verband, im Falle von Mord, Raub, Verrat, Meuterei oder anderer Gewalttat oder irgendwelcher sonstiger Vergehen, und zwar in summarischen Verfahren, wie es dem Kriegsgerichte angemessen und in Kriegszeiten gebräuchlich ist, [...] Wenn sie auf Grund der Gesetze und Satzungen des Landes den Tod verdient haben, so hätten sie nur auf Grund dieser selben Gesetze und Satzungen verurteilt und hingerichtet werden sollen und auf keine andere Weise.

Zit. nach: Geschichte in Quellen, Bd. III, Renaissance, Glaubenskämpfe, Absolutismus, bearb. von Fritz Dickmann, München 1966, S. 364 f. Übers. G. Guggenbühl.

50 Bill of Rights, 1689

Die in Westminster versammelten geistlichen und weltlichen Lords und Commons, die gesetzmäßige, vollständige und freie Vertretung aller Stände des Volkes in diesem Königreich, legten eine Erklärung ab, zur Aufrechterhaltung und Sicherung ihrer überkommenen Rechte und Freiheiten:

Die angemaßte Befugnis, Gesetze oder die Ausführung von Gesetzen durch königliche Autorität ohne Zustimmung des Parlamentes aufzuheben, ist gesetzwidrig.

Die angemaßte Befugnis, von Gesetzen oder der Ausführung von Gesetzen durch königliche Autorität aufzuheben, wie sie kürzlich beansprucht und ausgeübt wurde, ist gesetzeswidrig. [...]

49 Der Stammbaum der Stuarts

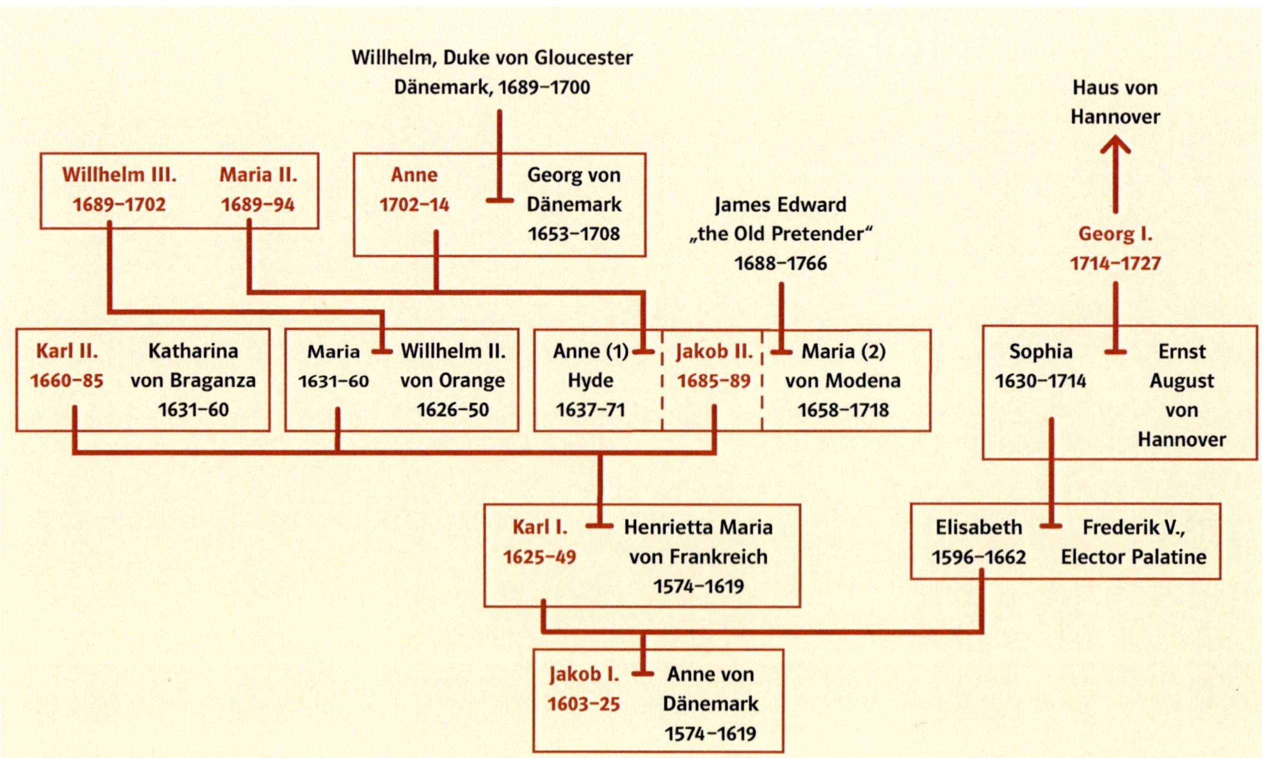

Englische Monarchen sind mit der roten Schrift gekennzeichnet, darunter ihre Regierungszeit. Bei allen anderen Personen ist das Geburts- bzw. das Sterbedatum angegeben.

Steuern für die Krone oder zum Gebrauch der Krone unter dem Vorwand eines Prärogativs ohne Erlaubnis des Parlamentes für längere Zeit oder in anderer Weise, als erlaubt und bewilligt wurde, zu erheben, ist gesetzeswidrig. [...]
Es ist gegen das Gesetz, es sei denn mit Zustimmung des Parlamentes, eine stehende Armee im Königreich in Friedenszeiten aufzustellen oder zu halten. [...]
Die Wahl von Parlamentsmitgliedern soll frei sein.
Die Freiheit der Rede und der Debatten und Verhandlungen im Parlament darf von keinem Gerichtshof oder sonstwie außerhalb des Parlamentes angefochten oder in Frage gestellt werden. [...]

Zit. nach: Joel H. Wiener (Hg.), Great Britain. The Lion at Home. A Documentary History of Domestic Policy 1689–1973, New York 1974, S. 7 ff. Übers. F. Geyken.

51 Act of Settlement, 1701

Dass die Krone und die königliche Regierung dieser Königreiche von England, Frankreich und Irland und der dazugehörigen Herrschaftgebiete, Ihrer Majestät und der genannten weiland Königin von England gehören sollen [...] und in Ermangelung Eurer Nachkommenschaft [der Text richtet sich an Wilhelm III.], der königlichen Hoheit Prinzessin Anna von Dänemark [spätere Königin Anna] und ihrer Nachkommenschaft; und in Ermangelung einer solchen Nachkommenschaft, Euren Erben. Und es wurde dabei weiterhin festgelegt, dass jede Person, die sich mit der Kirche von Rom ausgesöhnt, die eine Verbindung zu ihr hat oder die sich zur papistischen Religion bekennt oder einen Papisten heiratet, davon ausgeschlossen wird, und durch dieses Gesetz für immer außerstande gesetzt ist, die Krone und die Regierung dieses Reiches und von Irland und der dazugehörigen Gebiete zu erben oder zu besitzen oder auch nur einen Teil davon oder auch jede königliche Macht, Autorität oder Rechtssprechung darin zu haben, zu gebrauchen oder auszuüben: Und in allen diesen Fällen soll das Volk dieser Reiche von seinem Untertaneneid entbunden werden.

Zit. nach: Joel H. Wiener (Hg.), Great Britain. The Lion at Home. A Documentary History of Domestic Policy 1689–1973, New York 1974, S. 33 ff. Übers. F. Geyken.

52 Zur Diskussion:

Der Historiker Peter Wende beschreibt den Stand der Forschung zur englischen Revolution. In der Geschichtswissenschaft werden gerade anlässlich der Auseinandersetzungen des 17. Jahrhunderts höchst unterschiedliche Ansichten vertreten.

Nach dem Muster der klassischen Whig-Interpretation wurde das 17. Jh. als wichtige Etappe auf dem Weg einer politischen Modernisierung begriffen, an dessen Ende das parlamentarische System des 19. Jahrhunderts stand. Im Gegensatz zur Entwicklung auf dem Kontinent hatte also in England bereits in der Frühen Neuzeit die Opposition des Parlamentes über die absolutistischen Bestrebungen der Monarchie triumphiert. Macaulay, Gardiner und Trevelyan waren die Vertreter dieses klassischen Deutungsmusters. [...]
Ein neuer Revisionismus hat mittlerweile die klassischen Deutungsmuster der sog. Whig-Interpretation in das Reich der historiographischen Legenden verwiesen. [...] Die methodischen Prämissen dieses Revisionismus sind der Verzicht auf die moderne, angeblich, „anachronistische" Begrifflichkeit (z. B. „Revolution", „Modernisierung") einer Geschichtsschreibung, die langfristige Prozesse zu analysieren bestrebt ist, sowie die nahezu vollständige Ausblendung des Bereichs von Wirtschaft und Gesellschaft. Stattdessen konzentriert man sich auf die politische Geschichte, vornehmlich in Form einer quellengesättigten Ereignis-, Institutionen- oder Regionalgeschichte einer Epoche, die keineswegs im Zeichen eines strukturbedingten Grundsatzkonfliktes – nämlich dem von Krone und Parlament in England – gestanden habe. Man zeichnet das facettenreiche Bild eines funktionsfähigen Königreiches, das mit den begrenzten Mitteln seiner Zeit zunächst erfolgreich die vielfältigen Aufgaben eines nachreformatorischen Staates bewältigt habe, unter dessen Krone nicht nur die Vertreter verschiedener Nationen – Engländer, Waliser, Schotten, Iren –, sondern auch verschiedener Konfessionen – Anglikanismus, Puritanismus, Katholizismus – vereint waren.
Zeitgenossen wie auch spätere Generationen von englischen Historikern haben sich immer wieder geweigert, zwischen der Rebellion und dem Königsmord der 40er-Jahre des 17. Jahrhunderts und der Glorreichen Revolution von 1688/89 Parallelen bzw. Verbindungslinien zu ziehen. Dies gilt in besonderem Maße für die Vertreter des Revisionismus, die einen horizontalen methodischen Zugriff auf die Geschichte propagieren und den vertikalen Zugriff, der um langfristige Perspektiven bemüht ist, als unhistorisch ablehnen.

Zit. nach: Peter Wende, Grossbritannien 1550–2000 (Oldenbourg Grundriss der Geschichte Bd. 32), München 2001, S. 127 f.; 133.

53 Kurfürstin Sophie von Hannover
Porträt nach zeitgenössischem Kupferstich von Georg Johann Wolffgang, 18. Jh., nachcoloriert

Arbeitsvorschläge:

1. Welche Vorwürfe erheben König und Parlament gegeneinander? Erarbeiten Sie aus den Quellen die jeweiligen Positionen seit 1621 bis zum Ausbruch des Bürgerkrieges. Arbeiten Sie dabei Überschneidungen in den Ansichten und scheinbar unüberbrückbare Gegensätze heraus.
2. Schreiben Sie ein „flammendes" Pamphlet, das die Rechte und Forderungen des Parlamentes verteidigt.
3. Vergleichen Sie den ▶Habeas Corpus Act mit den entsprechenden Passagen im Grundgesetz und in der Europäischen Menschenrechtskonvention. (M 7, M 10)
4. Stellen Sie die jeweiligen Ansätze von Bodin und Hobbes gegenüber, nach denen die souveräne Macht im Staat absolut sein müsse. Diskutieren Sie dabei auch die Frage des Widerstandrechts.
5. Kontrastieren Sie das anglikanische Kirchenmodell mit dem der ▶Presbyterianer und der Independenten. Welche Gründe führt der König für die Unterhaltung der Sonntage an? Was setzt der Puritaner Prynne dagegen?
6. Zeichnen Sie anhand der Materialien M 8 und M 9 die Eskalation des Machtkampfes nach.
7. Inszenieren Sie eine politische Talkshow, in der sich Parlamentarier, Royalisten und Puritaner gegenübersitzen.
8. Gewichten Sie die Rolle der Religion in der Auseinandersetzung im Verhältnis zum Verfassungskonflikt.
9. Diskutieren Sie die Rolle der Armee in der englischen Gesellschaft.
10. Übertragen Sie die in der Anklage gegen Karl I. erhobenen Vorwürfe in einen Zeitungsartikel des 21. Jahrhunderts.
11. Arbeiten Sie anhand des Stiches „Omnia vanitas" die zeitgenössische Wahrnehmung der Hinrichtung des englischen Königs heraus. (M 28)
12. Das Dictonary of National Biography urteilt über den letzten Brief Karls an seinen Sohn folgendermaßen: „This letter, with it self-pity and it self-righteousness, is Charles's true epitaph." Stimmen Sie dem zu? (M 30)
13. Besuchen Sie die Homepage der Society of King Charles the Martyr (http://www.skcm.org). Wie beurteilen Sie diese?
14. Vergleichen Sie die Kompetenzen Cromwells, wie sie im ▶Instrument of Government niedergelegt sind, mit der Macht des Königs. (M 36, M 37)
15. Wie sieht Cromwells Toleranzkonzept aus? (M 42)
16. Ziehen Sie ein Fazit der Republik. Beziehen Sie dabei auch Evelyns Kritik mit ein. (M41)
17. Cromwell erlebte in der öffentlichen Wahrnehmung in Großbritannien des 19. Jahrhunderts eine neue Renaissance. Diskutieren Sie Gründe dafür. (M 43, M 45)
18. Recherchieren Sie im Internet, wie Cromwell heute in England, Schottland und Irland beurteilt wird.
19. Diskutieren Sie das Für und Wider der Deklaration von Breda. (M 47)
20. Entwickeln Sie das Modell einer Wahrheitskommission, wie sie z. B. heute in Südafrika existiert, für die Zeit der Restauration.
21. Vergleichen Sie das Porträt des Herrschers Karl II. mit dem Gemälde von Hyacinthe Rigaurd, das Ludwig XIV. darstellt.
22. Interpretieren Sie das Deckengemälde (M 2) hinsichtlich der Glorreichen Revolution.
23. Vergleichen Sie die Petition of Right von 1628 mit den Bill of Rights von 1689. Was hat sich verändert? (M 48, M 50)
24. Beurteilen Sie die Bedeutung der Act of Settlement im europäischen Gesamtkontext. (M 51)
25. Setzen Sie sich mit der Darstellung von England und Frankreich, wie sie bei Wende konstatiert werden, auseinander. (M 52)

Zeittafel: England

1625	März: Karl I. folgt Jakob I. auf den Thron.
1628	Juni: Petition of Right
1637	1. Bischofskrieg mit Schottland, nachdem Karl versucht, im ▶presbytanischen Schottland die anglikanische Kirchenverfassung einzuführen
1640	April/Mai: Das „Kurzes Parlament" verweigert dem König die Unterstützung im Bischofskrieg, woraufhin Karl das Parlament auflöst. November: Das Parlament erzwingt erstmals gegen den Willen des Königs seine erneute Einberufung. Als „Langes Parlament" blieb es bis 1660 bestehen.
1641	Februar: Trieannial Act: Das Parlament muss nun alle drei Jahre einberufen werden.
	Dezember: Im „Great Remonstrance" formulieren radikale Unterhausmitglieder eine Reihe extremer Forderungen an den König.
1642	Januar: Nachdem der Versuch Karls gescheitert ist, Parlamentsabgeordnete verhaften zu lassen, kommt es zum Bürgerkrieg.
1643	Juni: Niederlage der Royalisten bei Marston Moor
1645	Januar: Hinrichtung des Erzbischofs Laud
1648	August: Sieg Cromwells über die Royalisten bei Preston entscheidend. November Die Armee wehrt sich gegen ihre geplante Auflösung und verjagt die ▶Presbyterianer aus dem Parlament.
1649	Januar: Hinrichtung Karls I. Mai: Die Armee proklamiert das Commonwealth und richtet einen Staatsrat ein.
1649–1652	Krieg in Irland
1650	Krieg gegen Schottland
1651	Navigationsakte, die sich sowohl gegen die Niederlande, als auch gegen oppositionelle Kräfte in den Kolonien richtet
1652–1654	1. Krieg gegen die Niederlande
1653	Dezember: Errichtung des Protektorats Cromwells auf Grundlage des ▶„Instrument of Government"
1655	Januar: Cromwell löst das Parlament auf.
1656	Juli: Geldmangel zwingt Cromwell zur Einberufung eines neuen Parlamentes.
1658	September: Tod Cromwells. Sein Sohn Richard wird Nachfolger als Lordprotektor.
1660	Februar: Das „Lange Parlament" tritt wieder zusammen. April: In der Deklaration von Breda bereitet Karl II. seine Rückkehr auf den Thron vor. Mai: Karl II. zieht unter Jubel der Bevölkerung in London ein.
1664	Erneut Seekrieg gegen die Niederlande
1685	Tod Karls II., sein katholischer Bruder Jakob II. folgt ihm auf den Thron.
1688/89	Glorreiche Revolution: Jakob wird vertrieben. Landung Wilhelms von Oranien in England. Die Bill of Rights bringt England auf den Weg zur parlamentarischen Monarchie.
1701	Act of Settlement: gesetzliche Festlegung der hannoverschen Thronfolge
1714	Kurfürst Georg Ludwig von Hannover wird als Georg I. König von England.

Methode: Geschichte im Roman

Schriftsteller, die historische Ereignisse als Rahmen für ihr literarisches Schaffen wählen, nähern sich der Geschichte in anderer Weise als Historiker. Ein Schriftsteller stellt keine Ereignisse der Vergangenheit dar und versucht sie nicht zu erklären, zu interpretieren und sie in ein Verhältnis zu der Zeit damals oder heute zu stellen. Stattdessen erzählt ein Schriftsteller eine Geschichte und zwar möglichst eine, die sich gut verkaufen lässt, d.h. er versucht sie so spannend und interessant wie möglich zu schreiben. Dabei konzentriert sich ein solcher Roman meist auf wenige, in der Regel fiktive Hauptfiguren. Der Leser nimmt auf diese Weise am Schicksal einer oder mehrerer Personen unmittelbar teil. Um dies zu ermöglichen, versucht ein guter Autor eines historischen Romans, den geschichtlichen Handlungsrahmen so anschaulich, detailgenau und glaubhaft wie möglich zu gestalten. Er muss sich also zuvor sehr genau über die Zeit, den Ort und den Alltag, in dem die Handlung eingebettet werden soll, informieren. Je besser er oder sie dies tut, umso mehr vermittelt ein Roman neben einem hohen Unterhaltungswert auch viel geschichtliches Wissen. Historienromane können dabei helfen, sich eine lebendige Vorstellung davon zu machen, wie die Menschen in einer vergangenen Epoche gelebt und welche Auswirkungen bestimmte geschichtliche Entwicklungen auf den Einzelnen gehabt haben könnten. Mitunter werfen sie aber auch Fragen auf, die den Leser Antworten suchen lassen.

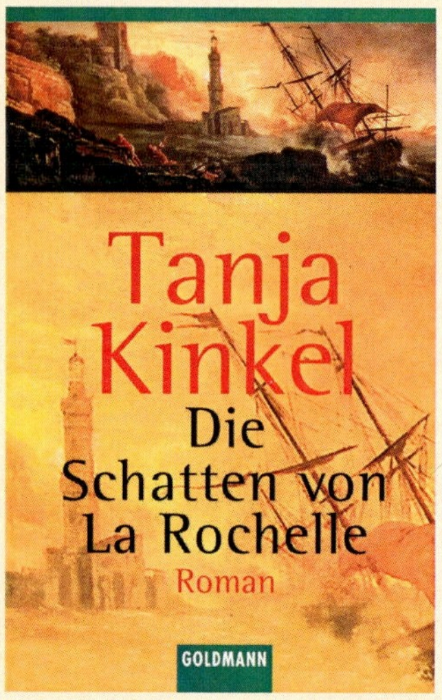

„Die Schatten von La Rochelle"
Die Autorin und Germanistin Tanja Kinkel wählte für ihren Handlungsrahmen Frankreich im 17. Jahrhundert: Während in Europa Glaubenskriege toben, stößt in Frankreich ein Mann ins Zentrum der Macht vor: Richelieu, machiavellistischer Kardinal und Erster Minister von Ludwig XIII. Er ist ehrgeizig, misstrauisch und nach kurzer Zeit in ganz Frankreich gefürchtet. Der einzige Mensch, dem er vertraut, ist seine Nichte Marie de Vignerot. Doch diese gerät schließlich mehr und mehr zwischen die sich immer wieder überschneidenden Fronten der politischen Umwälzungen, zwischen den Kardinal und dessen sich vermehrenden Feinden im Land, zwischen katholischer Staatsreligion und protestantischer Minderheit.

„Simon, der Kornett"
Die englische Schriftstellerin und Historikerin Rosemary Sutcliff erzählt die Geschichte zweier Jugendlicher in den Wirren des englischen Bürgerkrieges. Amias, der Sohn eines Arztes, und Simon, ein Bauernsohn, sind Freunde seit frühester Kindheit, doch der gesellschaftliche Konflikt zwischen Anhängern des Königs auf der einen und des Parlaments auf der anderen Seite trennt schließlich beide Familien. Dieser Kluft können sich auch die beiden Freunde nicht entziehen und während Amias dem Heer von Oliver Cromwell beitritt, schließt sich Simon den königstreuen Truppen an. Für beide wird der ihnen vermittelte Patriotismus unter dem Schrecken des Bürgerkrieges mehr und mehr in Frage gestellt.

Methodische Arbeitsschritte:

1. Wer sind die Hauptfiguren? Mit welchen passenden Adjektiven können sie charakterisiert werden? Welchen gesellschaftlichen Gruppen lassen sie sich zuordnen?
2. Aus wessen Perspektive wird die Handlung geschildert?
3. Warum hat die Autorin/der Autor diese Figur(en) gewählt?
4. Welche Informationen geben Hinweise auf die historische Epoche, in der sie spielt?
5. Welche Konflikte stehen im Mittelpunkt der Handlung? Liegen sie eher im Charakter der Figuren begründet oder in den gesellschaftlichen Bedingungen?
6. Was sagt der Roman über die Zeit aus, in der sie spielt?
7. Welche Deutung der historischen Ereignisse wird dem Leser nahe gelegt? Welche Werte und Überzeugungen liegen der Deutung zugrunde?
8. Arbeiten Sie heraus, welche Charakterzüge Tanja Kinkel Kardinal Richelieu zuschreibt. Vergleichen Sie diese mit den Ihnen bekannten Verfilmungen (z. B. in „Die drei Musketiere") und der Ihnen bekannten Literatur.
9. Vor welchem eigenen zeitlichen und gesellschaftlichen Hintergrund hat die Autorin den Roman geschrieben?
10. Wie bewerten Sie ihn aus Ihrer heutigen Sicht?
11. Wie gefällt Ihnen die Geschichte? Begründen Sie Ihr Urteil.

Glossar

Agreement of the people, diese Übereinkunft des Volkes, wie es wörtlich übersetzt heißt, war ein Verfassungsentwurf, den gewählte Sprecher der Armee, Agitators, bei den ▶Putney Debates am 28. Okt. 1647 der Armeeführung vorlegten. Basierend auf den Reformvorschlägen der radikalen Leveller, forderten sie demokratische Rechte ein, wie z. B. Gleichheit vor dem Gesetz und die Abschaffung des Zensuswahlrechts. Eine veränderte Variante wurde dem ▶Rumpfparlament vorgelegt, aber nicht angenommen.

Anabaptisten, eine radikale Sekte, die 1524 in Zürich gegründet wurde. Seit den 1530er-Jahren in England nachweisbar, wo sie, angesichts ihrer Radikalität und inhaltlichen Abweichungen von der Hochkirche, verfolgt wurden. Sie vertraten vollkommene religiöse Unabhängigkeit und propagierten die Erwachsenentaufe.

Ancient laws war das politische Schlagwort für die alten freiheitlichen Gesetze aus germanischer und früherer Zeit, auf die sich die Parlamentarier beriefen und deren Anerkennung und Einhaltung sie einforderten.

Arminianer, eine theologische Schule, benannt nach dem niederländischen Theologen Jacob Arminius (1560–1609), der den strengen Calvinismus mitsamt der Prädestinationslehre ablehnte. William Laud (1573–1645), der Erzbischof von Canterbury, war ein Anhänger des Arminianismus, er wollte die anglikanische Kirche nach seinen Vorstellungen umgestalten und auch die streng calvinistische schottische Kirk nach diesem Modell umformen.

Johannes Calvin (1509–1564), Schweizer Reformator, der eine andere Auffassung vom Abendmahl hatte als Martin Luther (1483–1546) und der sich durch seine Prädestinationslehre vom Luthertum und von der anglikanischen Lehre unterschied: Der Mensch sei, so Calvin, von Geburt an erwählt oder verdammt, ohne jedoch zu wissen, für welche Kategorie Gott ihn vorgesehen habe.

Clarendon Code, benannt nach dem Earl of Clarendon, bezeichnet ein Bündel von Gesetzen, , die in den Jahren nach 1660 zur rechtlichen Regulierung der Restauration erlassen wurden.

Commons, das House of Commons ist das Unterhaus. Seine Angehörigen, die bisweilen auch als Commons, „Gemeine", also nicht Adlige, bezeichnet werden, werden gewählt. Das englische Unterhaus besteht, seitdem der englische Herrscher 1265 zum ersten Mal ein Parlament aus Baronen (Magnaten), Rittern (Knights) und gewählten Bürgern als Grafschaftsvertretern nach London beruft. 1430 wird ein Zensuswahlrecht eingeführt, das erst mit der Reformgesetzgebung von 1832 modifiziert wird.

Dissenter, auch Nonkonformisten, sind die Protestanten, Die sich nicht der anglikanischen Kirche zurechnen.

Eleven years tyranny, ein zeitgenössischer Begriff: die elfjährige Tyrannei bezeichnet die elf Jahre von 1629–1640, in denen Karl I. kein Parlament einberief, also völlig ohne Parlament regierte. In der Geschichtsschreibung nennt man diese Zeit die Jahre des personal rule, des persönlichen Regiments.

Elizabethan Settlement, diese sog. elisabethanische Einigung ist der Oberbegriff für eine Reihe von Regelungen, die Elisabeth I. (1558–1603) in ihren ersten Regierungsjahren traf, um die unklare Situation der Konfession in ihrem Land nach Jahrzehnten der Auseinandersetzung zwischen Katholiken und Protestanten zu befrieden. Sie führte das protestantische Book of Common Prayer von 1552 wieder ein, eine Art Gottesdienstordnung, und sie macht den Besuch des anglikanischen Gottesdienstes zur gesetzlichen Pflicht.

Fifth Monarchy Men, Quintomonarchisten waren eine radikale puritanische Sekte. Sie sahen in der Hinrichtung Karls die Voraussetzung geschaffen für die Wiederkehr Christi und die Errichtung einer fünften Monarchie, wie sie im 2. Buch Daniel beschrieben wird. Nach anfänglicher Unterstützung Cromwells von seiner Politik enttäuscht und nach einem erfolglosen Aufstand Anfang der 1660er-Jahre bedeutungslos.

Gentry bezeichnet den niederen Landadel im Gegensatz zum Hochadel.

Grand Remonstrance, der große Protest aus dem Jahr 1641 war ein Manifest der radikalen Parlamentarier, die weit reichende parlamentarische Mitbestimmung forderten – sie wollten z. B. Einfluss nehmen auf die Berufung königlicher Berater. Vor allem verlangten sie, dass die Macht der Bischöfe eingeschränkt werden müsse, was viele gemäßigte Reformer in die Arme der Royalisten trieb.

Habeas Corpus war ein Gesetz aus dem 13. Jahrhundert, das besagte, dass niemand ohne Nennung von Gründen inhaftiert werden durfte und eine Prüfung der Haftgründe verlangte. Während der Auseinandersetzungen um das ▶Pfund- und Tonnengeld wurde die Habeas-Corpus-Thematik unter Karl I. wieder aktuell. 1679 während der Exclusion Crisis wurde das alte Gesetz noch einmal bestätigt. Im 18. Jahrhundert während der jakobitischen Rebellionen, also zur Zeit der Versuche der Stuarts, den Thron zurückzugewinnen, wurde es ausgesetzt, ebenso während der Revolutionskriege nach 1794.

Heads of the Proposals, ein Verfassungsentwurf der Armee von 1647, in dem Zensuwahlrecht und ein parlamentarisches Regierungssystem vorgesehen waren, der aber nicht umgesetzt wurde.

Independenten sind eine radikale protestantische Sekte, die sich sowohl gegen die englische anglikanische wie auch die schottische ▶presbytanische Kirche wenden, da sie von der vollkommenen Unabhängigkeit einer jeden Kirchengemeinde ausgehen, die keiner Hierarchie verpflichtet ist.

Instrument of Government, dieses Gesetz zur Regierung des Commonwealth von England, Schottland und Irland wurde Cromwell 1653 vom Offiziersrat der Armee vorgelegt. Es machte ihn, den tatsächlichen Inhaber der

Macht, zum Lordprotektor auf Lebenszeit und regelte seine Zusammenarbeit mit Parlament und Armee.

Levellers, eine Gruppe von Radikalen, die für die Zeit unvorstellbare und undurchführbare politische und gesellschaftliche Vorstellungen vertraten.

Licensing Act war das Gesetz, das die Zensur über Druck- und Presseerzeugnisse der Kirche zuschrieb. Es wurde 1695 nicht wieder parlamentarisch bestätigt und dieser Vorgang bescherte den Briten im 18. Jahrhundert, im deutlichen und politisch wirksamen Unterschied zum europäischen Kontinent, eine fast völlige Pressefreiheit.

Lords (House of Lords) bezeichnet die zweite Kammer des englischen Parlaments, das Oberhaus. Es besteht aus den Angehörigen des Hochadels und den Bischöfen der Staatskirche, die automatisch einen Sitz per Geburt bzw. qua Amt erhalten.

New Model Army, Name der parlamentarischen Armee, die im Februar 1645 gegründet wurde. Sie basierte auf der schlagkräftigen Miliztruppe Ironsides, die Cromwell befehligte, der maßgeblich an der Neugründung dieses sehr modern organisierten (Beförderung nach Leistung) stehenden Heeres beteiligt war. Oberbefehlshaber war Thomas Fairfax. Die Armee forderte ein und errang politische Macht, wurde aber in der Restaurationszeit wieder aufgelöst.

Nineteen Propositions, erneuter Versuch des Parlamentes vom Juni 1642, mehr Mitbestimmung einzufordern, d.h. umfassendere Beteiligung an der Regierung und effektivere Kontrolle der staatlichen Ausgaben. Ebenso wie die ▶Grand Remonstrance vom König abgelehnt, führte diese Ablehnung direkt in den Bürgerkrieg.

Nonkonformisten, s. Dissenter

Parliament of Saints, Parlament der Heiligen, nach einem seiner Mitglieder auch Barebone's Parliament. Es bestand ein gutes halbes Jahr, von Juli bis Dezember 1653, aus Abgeordneten, die Cromwell ernannt hatte, und stellte den Versuch dar, mit einer handverlesenen Gruppe von 140 untadeligen, züchtigen und gläubigen Männern, den Staat und Gesellschaft nach ihrem Verständnis der Bibel umzuformen.

Personalunion führte zu keiner Verschmelzung zweier Reiche. Beide wahrten ihre Unabhängigkeit und hatten keine Gemeinsamkeiten bis auf die Person des Herrschers und die gemeinsame protestantische Konfession, die allerdings der politische Grund für die jeweilige Personalunion war: So war Jakob I. Herrscher sowohl des Königreiches England als auch des Königreiches Schottland. Wilhelm von Oranien war König von England und Generalstatthalter der Niederlande und Georg I. war König von Großbritannien und Kurfürst von Hannover.

Pfund- und Tonnengeld, tonnage and poundage: Tonnengehalt und Zahl der Besatzungsmitglieder eines Schiffes wurden in Geld umgerechnet. Der Betrag musste an die königliche Kasse bezahlt werden, um damit die Piratengefahr einzudämmen.

Prärogative beschreibt die Macht und Gesetze, die traditionellerweise dem König zustehen. Während der Auseinandersetzungen zwischen König und Parlament im gesamten 17. Jahrhundert ging es immer wieder darum, diesen Machtbereich präziser zu umreißen bzw. seitens des Parlamentes, möglichst einzuengen.

Presbyterianismus ist eine Ausformung des Protestantismus, wie sie v.a. in der schottischen Kirche, die sich selbst Kirk nennt, verwirklicht worden ist. Presbyterianer sind, calvinistisch geprägt, scharfe Gegner der Bischofskirche.

The old and the young pretender, Bezeichnung für den Sohn und den Enkel Jakobs II. Sein Sohn nannte sich selbst Jakob III. und versuchte 1715 eine Invasion Englands, die einen Aufstand auslösen sollte. Der Plan misslang. Der Enkel, gemeinhin Bonnie Prince Charlie genannt, machte einen weiteren Versuch 1745. Er wurde aber in der Schlacht von Culloden vernichtend geschlagen und damit war die Sache der Stuarts auf den britischen Inseln endgültig gescheitert, die hannoversche Sukzession gesichert.

Pride's Purge, die „Säuberung" des Parlamentes von allzu gemäßigten Kräften, die die Verständigung mit Karl I. noch nicht gänzlich aufgeben wollten, durch den Armeeoberst Pride am 6. Dez. 1648.

Putney Debates, in Putney an der Themse bei London traf sich im Oktober 1647 die Armeeführung mit radikalen Kräften aus den eignen Reihen, um mögliche Verfassungsentwürfe zu diskutieren Grundlage und Anlass waren die ▶Heads of Proposals.

Solemn League and Covenant, im Sept. 1643 schlossen die englischen Parlamentarier ein feierliches Bündnis mit den Schotten und sagten ihnen für ihre Unterstützung im Kampf gegen Karl I. die Einführung des schottischen, presbyterianischen Kirchenmodells in England zu.

Rumpfparlament, the Rump, ist der Name des Restparlamentes, das 1648 nach ▶Pride's Purge noch übrig geblieben war, welches die Hinrichtung Karls I. mit trug.

Summepiscopus (summus episcopus) die oberste Kirchengewalt in den deutschen evangelischen Territorien liegt beim der Landesfürsten.

Trienial Act, 1641 wurde festgelegt, dass das Parlament alle drei Jahre einberufen werden müsse und dass es nicht vor Ablauf von 40 Sitzungstagen aufgelöst werden dürfe. Im Septenial Act wurde 1716 festgelegt, dass eine Parlamentsperiode sieben Jahre dauern kann. Damit wird die Whig-Herrschaft gestärkt und eine gewisse Autonomie des Parlaments gegenüber der Öffentlichkeit hergestellt.

Literaturtipps

John J. Hurt, Louis XIV. and the parlements: the assertion of royal authority, Manchester 2002.
Joseph Bergin, Crown, church, and episcopate under Louis XIV., New Haven 2004.
John A. Lynn, The French wars 1667–1714: the Sun King at war, Oxfort 2002.
Geoffrey Treasure, Louis XIV., Harlow 2001.
Jean-Christian Petitfils, Louis XIV., Paris 2001.
Peter Burke, Ludwig XIV. : die Inszenierung des Sonnenkönigs, Berlin 2001.
Aimé Richardt, Le soleil du Grand Siècle : Louis XIV. Et son règne, Paris 2000.
Andrew Lossky, Louis XIV. And the French monarchy, New Brunswick 1994.
Klaus Malettke, Ludwig XIV. Von Frankreich: Leben, Politik und Leistung, Göttingen 1994.
Olivier Bernier, Ludwig XIV.: eine Biographie, München 1993.

J.C.D. Clark, Revolution and Rebellion. State and Society in the Seventeenth and Eighteenth Centuries, London 1986.
Barry Coward (Hg.), A Companion to Stuart Britain, Oxfort 2003.
Kasper von Greyerz, England im Jahrhundert der Revolutionen 1603–1714.
Christopher Hill, The Century of the Revolution 1603–1714, London 1962.
Michael Maurer, Kleine Geschichte Englands, Stuttgart 2002.
Claudia Schnurmann, Vom Inselreich zur Weltmacht, Stuttgart 2001.
Peter Wende, Großbritannien 1500–2000, München 2001.

Internettipps

Bibliothekskataloge
Die SUB Göttingen hat das Sondersammelgebiet Anglo-Amerikanischer Kulturraum und verfügt daher über den umfangreichsten Bestand zur englischen und britischen Geschichte in der Bundesrepublik:
http://www.sub.uni-goettingen.de
Für Nutzer der SUB:
Early English Books online, EEBO
Eighteenth Century Collection
The Times, Digital Archive, 1785 - 1985

Fachportale für Historiker
http://www.historyguide.de/
http://www.sub.uni-goettingen.de/vlib/history/index.php
http://hsozkult.geschichte.hu-berlin.de
http://www.clio-online.de
http://www.clio-online.de/rezensionen
http://www.historicum.net/index.php
http://www.geschichte-online.at/
Nachrichtendienst für Historiker
http://historiker.de
http://www.vascoda.de/

Deutsches Historisches Institut London
http://www.ghil.ac.uk/dhil.html

Oxford Dictionary of National Biography
http://www.oxforddnb.com/subscribed/

Bibliographien
Royal Historical Society bibliography zur britischen Geschichte
http://www.rhs.ac.uk/bibl/
Writings on Irish History
http://www.tcd.ie/Modern_History/irish_bibliography/

Zu Fragen der ▶ Personalunion
Niedersächsische Bibliographie online
http://www.nlb-hannover.de/ndsdok.htm
Virtuelle Deutsche Landesbibliographie
http://www.ubka.uni-karlsruhe.de/landesbibliographie/
Jahresberichte für deutsche Geschichte
http://www.bbaw.de/vh/jdg/index.html

Bildnachweis

4: AKG, Berlin; **7.2:** Interfoto, München; **8.3:** Interfoto, München; **9.4:** Interfoto, München; **9.5:** AKG (Château et Trianons/Erich Lessing), Berlin; **10.7:** AKG (Château et Trianons/Erich Lessing), Berlin; **11.8:** AKG, Berlin; **12.9:** K2 SA, Brüssel; **13.10:** AKG, Berlin; **14.12:** Interfoto, München; **17.1:** Interfoto, München; **18.2:** AKG (Erich Lessing), Berlin; **20.7:** ÖNB, Wien; **23.10:** Interfoto, München; **24.13:** Verein Hugenotten Museum e.V., Bad Karlshafen; **25.16:** AKG, Berlin; **27.1:** AKG (Sotheby's), Berlin; **28.2:** The British Library, London; **29.3:** Picture-Alliance (epa/PA/TV), Frankfurt; **33.3:** AKG (Sotheby's), Berlin; **37.1:** Bridgeman Art Library, London; **38.2:** John Morill (ed.), Oxford Illustrated History of Tudor and Stuart Britian, Oxford 1996; **39.1:** BPK, Berlin; **40.4:** Niedersächsisches Landesarchiv, Hauptstaatsarchiv Hannover, Foto Zimmermann; **42.12:** Bridgeman Art Library, London; **47.28:** aus: Wolfgang Harms, Deutsche illustrierte Flugblätter des 16. und 17. Jahrhunderts, Tübingen 1985, Bd 4; **49.35:** Herzog-August-Bibliothek, Wolfenbüttel; **51.39:** Bridgeman Art Library, London; **52.42:** Alamy Images RM (Jack Sullivan), Abingdon, Oxon; **53.46:** Herzog-August-Bibliothek, Wolfenbüttel; **55.52:** Interfoto (Sammlung Rauch), München; **58.1:** Tanja Kinkel „Die Schatten von La Rochelle", Goldmann Verlag, Umschlaggestaltung: Design Team München, Copyright 1996 by Blanvalet, Verlag München, in der Verlagsgruppe Random House GmbH; **58.2:** Rosemary Sutcliff, Simon der Kornett. Eine Erzählung aus der Zeit Cromwells, dtv junior, Umschlaggestaltung: Celestino Piatti, Umschlagsbild: Bernhard Förth